《蒙古山水地图》（局部）

本丛书由

国家社会科学基金项目重点项目

"'丝绸之路：长安—天山廊道'的价值特征研究"（17AZD020）、

中国建设科技集团科技创新基金项目"丝路遗迹"

联合资助

"十三五"国家重点图书主题出版规划项目

中国建筑工业出版社
学术著作出版基金项目

丝路遗迹·宗教篇（上）

陈同滨　陈凌　主编

中国建筑工业出版社

审图号：GS(2021)500号
图书在版编目（CIP）数据

丝路遗迹.宗教篇.上/陈同滨，陈凌主编.—北京：中国建筑工业出版社，2021.3
ISBN 978-7-112-25569-6

Ⅰ.①丝… Ⅱ.①陈… ②陈… Ⅲ.①丝绸之路－宗教－介绍 Ⅳ.①B928

中国版本图书馆CIP数据核字（2020）第247378号

责任编辑：张幼平　费海玲　郑淮兵　毋婷娴
责任校对：焦　乐

在前后近两千年的古丝绸之路历史中，宗教的传播和交流占有很大比重，起过重要的作用。宗教的流传与交往，促进了中外民众信仰的相遇和融通，成为具有动感及活力的丝绸之路经久不衰的精神之魂，也留下了众多与此相关的文化遗产。
本书着力于丝绸之路的佛教文化遗址，通过丰富而翔实的图片和文字资料，以分区域的线性铺陈，展示了佛教文化在丝绸之路上的绵延历史与深远影响。

丝路遗迹·宗教篇（上）

陈同滨　陈　凌　主编
*
中国建筑工业出版社出版、发行（北京海淀三里河路9号）
各地新华书店、建筑书店经销
北京方舟正佳图文设计有限公司制版
北京富诚彩色印刷有限公司印刷
*
开本：880毫米×1230毫米　1/16　印张：19　插页：1　字数：544千字
2021年3月第一版　2021年3月第一次印刷
定价：**298.00元**
ISBN 978-7-112-25569-6
　　　（36640）

版权所有　翻印必究
如有印装质量问题，可寄本社图书出版中心退换
（邮政编码100037）

序一

陈同滨

丝绸之路是有关人类文明发展交流史的宏大叙事；将丝绸之路作为文化遗产研究，范围几乎涉及半个地球近 2000 年的文明史迹；将丝绸之路列入《世界遗产名录》、提交全世界予以保护，是当代国际遗产界的伟大心愿。

1988 年联合国教科文组织启动的"对话之路：丝绸之路整体性研究"项目以科研活动与媒体报道相结合的方式，组织了五次国际科考活动。此后在国际古迹遗址理事会（ICOMOS）的积极推进下，经由国际和国内诸多学术界、遗产界专家学者与各国政府多年来的共同努力，2007 年中国和中亚五国正式启动了"丝绸之路"申报世界遗产的工作，即"首批行动"，2009 年进一步明确为 2 个项目：一个由中国、哈萨克斯坦和吉尔吉斯斯坦 3 国联合申报"丝绸之路：长安－天山廊道的路网"（Silk Roads: the Routes Network of Chang'an-Tianshan Corridor）；另一个由乌兹别克斯坦、塔吉克斯坦和土库曼斯坦 3 国联合申报"丝绸之路：片吉肯特－撒马尔罕廊道"（Silk Roads: Penjikent-Samarkand-Poykent Corridor）。

2013 年 1 月，中哈吉三国向联合国教科文组织（UNESCO）的世界遗产委员会提交了跨国联合申报项目"丝绸之路：长安－天山廊道的路网"（以下简称"天山廊道"）的提名文件，声明："'丝绸之路：长安－天山廊道的路网'是具备突出普遍价值的一处跨国系列文化遗产，属文化线路类型；在东亚古老文明中心中国的'中原地区'和中亚区域性文明中心之一'七河地区'之间建立起直接的、长期的联系，在整条'丝绸之路'的交流交通体系中具有起始的地位，展现了世界古代亚欧大陆上人类文明与文化发展的若干重要历史阶段，是人类经由长距离交通进行广泛的文明与文化融合、交流和对话的杰出范例，为人类的共同繁荣和发展作出显著贡献。"

2014 年 6 月 22 日第 38 届世界遗产大会上，由中哈吉跨国联合申报项目天山廊道成为第一项成功列入《世界遗产名录》（编号 1442）的丝绸之路线路遗产。对此，ICOMOS 在项目《评估报告》结论的首段评述道："三个缔约国进行跨界申报是将丝绸之路列入世界遗产名录过程中的一个重要里程碑。这是 7 年多合作努力以及更多年调查研究所取得的成果。"

世界文化遗产申报的过程，往往是一个重新发现、揭示和提升遗产价值的研究过程，也是一个保护管理水平与运行能力整体提升的工作过程。因此在申遗成功之后，往往会看到一种更高的工作标准和更为久远的挑战，尤其是在遗产价值研究方面，因位于世界遗产之列而拥有了更为广阔而深远的视野。

为此，本书基于一种承前启后的目的，对丝绸之路的遗产研究开展两部分工作：一是对"天山廊道"申遗过程中文本团队的阶段性研究成果进行整理、发表，用于回顾与总结，包括整理摘录一批重要的国际文件和工作文件；二是沿袭"天山廊道"的中国实践之一——丝绸之路线路遗产"分类"理论，分别从城镇、交通、生产、宗教、墓葬5种遗产类型开展专题研究、丰富案例资料。这一工作可将中国的丝路遗产进行较为系统的梳理，为将来进一步置入世界文明史框架下的故事讲述奠定初步基础。

丛书的编撰还涉及下列考虑：

一、丝绸之路：文化线路的概念

在我国，有关丝绸之路的学术研究长期以来基本属于东西方交通交流史和西域研究的学术范畴。1992年ICOMOS出台《文化线路国际古迹遗址理事会宪章》（*The ICOMOS Charter on Cultural Routes*），促进了丝绸之路作为文化线路遗产的探索，国际上有关丝绸之路的遗产理论应运而生，包括"主题研究报告"（2011）也进一步深化了"文化线路""系列遗产"等遗产理论。这些基于遗产保护立场而开展的有关人类文明史迹研究，开拓了一种更为讲求物质凭据与逻辑关联的、视野宏大的研究方式。据时任国际古迹遗址理事会副会长、丝绸之路申遗国际协调委员会联合主席郭旃先生回顾：2007年，ICOMOS专家受缔约国委托，起草编撰了《丝绸之路申报世界遗产概念性文件》（《概念文件》）和《主题研究报告》两份核心文件，协助缔约国和世界遗产委员会形成了世界遗产概念中对丝绸之路的时空和内涵、申报和管理模式的统一认识和路径。经缔约国完善同意，提交世界遗产委员会认可。其中《概念文件》由世界遗产顾问苏珊·丹尼尔女士（Mrs.Susan Danyer）受聘起草，资深专家亨利·克利尔博士（Dr. Henry Cleer）参与最终定稿；《主题研究报告》的主要编撰者为ICOMOS专家蒂姆·威廉姆斯（Tim Willianms）。此外，国际文件也专门提出了丝路遗产所特有的"一种特殊的'系列遗产的系列组合'（a special serial combination of serial heritages）模式，作为遗产理论的历史性创举，实现了超大型遗产线路——丝绸之路的首批申报行动的战略性突破，并为今后奠定了基础，设定了方向"。这些颇富创造性的文件对指导中国和中亚五国跨国联合申遗发挥了不可或缺的重要作用。

其中对丝绸之路作为文化遗产的定义概括如下：

"丝绸之路是东西方文明与文化的融合、交流和对话之路，是人类历史上交流内容最丰富、交通规模最大的洲际文化线路，在罗马、安息、大夏－贵霜、中国汉朝等大帝国在地中海沿岸到太平洋之间形成了一条不间断的文明地带，汇聚了古老的中国文明、印度文明、波斯－阿拉伯文明与希腊－罗马文明、中亚文明以及其后的诸多文明。"（《概念文件》）

与此同时，作为超大型文化线路遗产，丝绸之路是人类文明与文化交流融汇的伟大遗产，其遗产价值研究几乎涉及了大半部人类文明与文化发展史，包括了近2000年间发生的跨越洲际，特别是贯穿亚欧大陆东西两端诸多文明间的交流与互鉴活动，展现出这一长距离交通与交流活动对共同促进人类文明发展史的重大意义，对人类社会发展的精神信仰、商贸经济、政治势力、文化习俗与科学技术等诸多方面产生的广泛而深远的影响。这一研究的广度与综合程度都较一般的世界遗产要复杂得多，在遗产理论方面也存在诸多的挑战，特别是如何基于世界遗产的突出普遍价值（Outstanding Universal Value，简称OUV）评估标准，以一种"系列遗产"的策略，从沿用千余年，贯穿于亚欧大陆，延伸到非洲、美洲的一整套人类交通交流路网中，切分出遗产价值相对独立、时空边界相对完整的一个个路网片段（即廊道），作为丝路遗产予以保护管理，这一方式引发了一系列的新问题，包括遗产时空范畴的界定、组成要素的辨认、价值标准的确立、对比分析的范围等。由此可以看出，丝绸之路的遗产理论研究不同于学术研究的概念。

二、申遗成功后的思考

"天山廊道"申遗成功，给我们带来了三个明显的感受：一是"天山廊道"需要继续拓展，需要充分的物证支撑遗产的价值；二是丝绸之路申遗对文化线路遗产理论的实践需要总结，辨析不足及其成因；三是丝绸之路作为人类文明交流的伟大遗产，尚需要更广的视野、更多的研究投入，去探索和发现人类在文明交流过程中的种种智慧，为今天的文明交流带来精彩的启迪。鉴于此，有必要对"天山廊道"的文化线路理论实践与探索进行回顾、梳理和深化。

特别是回看《世界遗产名录》，发现"天山廊道"仍是迄今为止唯一的丝路遗产，可见丝绸之路的线路遗产研究还有许多问题要探讨。即便是"天山廊道"本身，也还有许多问题值得深化，诸如：

1．"天山廊道"本身的完整性问题有待深化。内容涉及遗产构成要素的进一步扩展，包括：（1）补充生产类型与墓葬类型，加强交通遗迹的系统性；（2）拓展一批可对遗产价值作出进一步支撑的预备名单项目；（3）探讨西天山地区与"天山廊道"的关联程度等。

2．"天山廊道"与周边其他廊道的关联问题有待深化。内容包括"天山廊道"与我国的沙漠南线、西南路线、草原路线的关联，这些路线在时空方面与"天山廊道"直接存在着不可分割的衔接甚至叠合关系，在价值特征上拥有极为密切的关联性，且分布范围必突破国境限定。

3．基于丝绸之路所强调的不同文明间相互理解、对话、交流和合作的遗产价值，还应该充分揭示中国与中亚、南亚、东亚、东欧、西欧、北非等跨区域文明与文化的交流活动，以及中国作为东亚文明中心对丝绸之路的贡献与影响。或者说，无论从陆上线路还是海上线路，还有很多的丝路故事有待发现和讲述，有更多的遗产有待提交全世界予以保护。

凡此种种，显然都需要我们对丝绸之路的遗产理论开展进一步的探讨和深化，甚至包括丝绸之路的遗产整体构成原理，也还存在一系列值得探讨的问题。如何界定对丝路遗产价值有意义的地理－文化单元，以及如何依托这些单元来切分更具相对完整性的路网单元，即所谓的"廊道"？相邻遗产廊道之间的衔接关系以及丝路整体的构成模式如何建立，目前采取的切分路网、分而治之的遗产申报策略存在着重大历史事件活动轨迹的断裂问题如何应对，等等。

为此，中国建设科技集团为促进中国的丝绸之路遗产研究，在主持"丝绸之路：长安－天山廊道的路网"申遗咨询工作的基础上，特设专项课题予以深化。

三、丛书的架构

本套系列丛书作为中国建设科技集团的课题成果，继续坚持"用遗产的眼光看、从文明的角度论"，采用世界文化遗产研究的技术路线，探讨长距离交流交通对人类文明与文化发展的历史作用及其过程。即：在 2014 年的遗产理论研究基础上，以中国与周边国家、地区为主，开展更为系统的相关遗产资料收集、梳理与分类研究，辑成一套以《总论篇》与《城镇篇》《交通篇》《生产篇》《宗教篇（上）》《宗教篇（下）》《墓葬篇》等组成的系列丛书。

作为一种系统的陈述方式，总论以下各卷作为第一卷的分类研究予以展开。每卷由两部分组成：

第一部分为 1 或 2 篇主旨论文，依据总论提出的文化线路遗存分类原理，邀请专家撰写以中国为主的丝路分类遗存概况研究。我国此前从未就此角度展开过系统研究，故此每位专家均以自身的学术专长与资料积累为基础，展开程度不同的专题研究，是为探索之始。

第二部分以图文并茂的分类案例汇编为主，共选择了 290 处丝路遗存，其中绝大部分拥有国家级的保护身份，相当一部分属于世界文化遗产，故以下简称"遗产点"。考虑到目前尚缺乏全面涵盖丝绸之路的遗产理论和价值研究，本系列丛书选择以点带面的方式，遗产点收集范围明显突破主旨论文内容——在空间上以中国为主、扩至亚欧大陆或更大范围，在时段上仍遵循《概念文件》界定的丝绸之路遗产时段：公元前 2 世纪—公元 16 世纪。大量遗产点的汇编介绍，不仅是对第一部分主旨论文所涉案例基本信息的细化，更重要的是借此喻示丝绸之路的世界格局。遗产点的遴选与编撰均由中国建筑设计研究院建筑历史研究所课题组完成（遴选说明详见本书"凡例"）。

各卷撰写情况简要说明如下：

- **总论篇**

此卷由"天山廊道"申遗文本主笔人、中国建筑设计研究院建筑历史研究所名誉所长陈同滨研究员负责，尝试"用遗产的眼光看、从文明的角度论"的方式，撰写主旨论文《丝绸之路：人类文明与文化交流融汇的伟大遗产——基于文化遗产理论的丝绸之路研究》，内容是对前此"天山廊道"申遗阶段形成的研究内容进行梳理和汇总，主要包括：一、丝绸之路概念的缘起与传播；二、丝绸之路——作为文化线路类型的遗产；三、超大型的文化线路——"丝绸之路：长安－天山廊道的路网"的构成分析；四、世界遗产的突出普遍价值声明——"丝绸之路：长安－天山廊道的路网"的价值研究；五、"丝绸之路：长安－天山廊道的路网"的特征；六、超大型线路遗产的理论探索；七、结语。

论文之后收录了大量与"天山廊道"申遗相关的国际文件和文献目录。这些文件凝聚了国际资深遗产专家辛勤的探索与智慧的思考，对于了解和学习丝绸之路如何作为文化遗产、如何构成文化线路，都具有十分重要的意义。借本书出版之际以摘录的方式介绍给中国同行，希望能促成更多的学者和年轻人参与丝绸之路这一人类伟大遗产的研究与保护事业，展开诸如丝绸之路作为文化线路遗产的概念定义、时空范畴、基本构成、遗产分类、线路（廊道）特征、发展分期等专题探索，激发出遗产价值对于当代社会发展的种种意义。

- **城镇篇**

主旨论文：《丝绸之路上的都城与城镇》，由北京大学考古文博学院陈凌教授撰写，分为4章展开：一、引言；二、帝国都城与丝绸之路的开辟与繁盛；三、西域城邦与东西方文化交流；四、结语。

遗产点介绍：基于对丝绸之路遗产的主题价值——见证由大宗丝绸贸易促成的文明交流与互动，选择了70处（国内29处、国外41处）分布于丝路交通节点上的城镇遗迹，类型分为都城与城镇2大类。所谓"节点"，是相对于整个交通交流的路网而言，其中包括文化线路的交通交流端点与路网的枢纽中心，以及交通沿线、沿海的商贸重镇。故此，本卷的遗产点近30%属于世界文明史上的帝国或统一王朝的都城，即不同地域、不同时期、不同文化的文明中心，其余遗产点以地方政权的中心城镇与帝国、王朝的商贸重镇为主，也包含少量在丝绸之路的交通交流上具有突出意义的城镇遗址；同时，这些遗产点基本包含了人类文明史上主要宗教信仰的中心所在。

- **交通篇**

主旨论文：《丝绸之路上的交通与保障》，由长期工作在新疆维吾尔自治区文物局的李军副局长撰写，分为 2 章展开：一、陆上丝绸之路的开辟与构成；二、海上交通线路的开辟与构成。

遗产点介绍：基于对文化线路遗产交通特性的强调，选择了 43 处（国内 41 处、国外 2 处）分布于丝路路网上的各类交通设施与保障遗迹予以介绍，类型涉及道桥、关隘、戍堡、烽燧、驿站、屯田、港口设施、灯塔、航海祭祀等 9 种。

• **生产篇**

生产类丝路遗存依据文化线路理论，主要指丝路贸易商品的生产基地。丝绸、陶瓷和茶叶 3 大商品是世界公认的中国主要出口贸易产品。本卷特约丝绸研究和水下考古 2 位专家撰写主旨论文，分别阐述了丝绸、陶瓷两种重要商品在陆上、海上丝绸之路的贸易变迁和陆上、水下重要考古发现，以及中外文化与技术的交流。

两篇主旨论文：

《海上丝绸之路上的陶瓷生产与贸易》由国家文物局考古研究中心孟原召研究员撰写，分为 6 章展开：一、引言；二、陶瓷：海上丝绸之路上的重要商品；三、唐五代：海上陶瓷贸易的兴起；四、宋元：海上陶瓷贸易的繁荣；五、明清：海上陶瓷贸易的新发展；六、余论：腹地经济与海上丝绸之路的发展。

《丝路之绸：丝绸在丝绸之路上的作用》由中国丝绸博物馆馆长赵丰研究员撰写，分为 5 章展开：一、丝绸在丝绸之路中的地位；二、丝绸之路上的丝绸发现；三、丝路上的丝绸传播；四、丝路上的丝绸技术交流；五、结语。

遗产点介绍：由于丝路的商贸产品生产与集散基地没有受到充分重视、列为保护对象，使得公元前 2 世纪—公元 16 世纪期间的中国丝绸生产遗址遗迹（包括种植、养殖、编织与贸易集散地）几乎无处寻觅。不得已，本卷只能选择 28 处（国内 24 处、国外 4 处）以中国境内的外销瓷烧造遗迹与海上沉船遗址为主的遗址点，作为这一时期丝绸之路的生产类物证，是为遗憾！

• **宗教篇（上）**

佛教传播是在本廊道传播的各类宗教中影响最大、遗存最多的题材，特辟专卷予以论述。内容包括：

主旨论文：《丝绸之路与佛教艺术》，由中国社会科学院考古研究所李裕群研究员撰写，主要论述了佛教遗迹中的石窟寺类型，分为 6 章展开：一、绪言；二、古代西域佛教遗迹；三、河西及甘宁黄河以东石窟寺遗迹；四、中原地区佛教遗迹；五、南方地区佛教遗迹；六、古代印度、中亚及其他国家佛教遗迹。

遗产点介绍：基于佛教在本廊道的突出价值——对中国乃至整个东亚文化产生了广泛、持久的价值观影响，选择了 69 处（国内 59 处、国外 10 处）分布于亚洲丝路沿线的佛教遗迹，并在主旨论文涉及的石窟寺类型之外，适量选择了具有一定代表性的佛教建筑，作为研究内容的弥补；进而参照石窟寺的地域分区，归纳为古代西域地区佛教遗迹、河西—陇东地区佛教遗迹、中原及周边地区佛教遗迹、南方地区佛教遗迹、东北地区佛教遗迹、蒙古高原佛教遗迹、青藏高原佛教遗迹、古代印度与中亚、东北亚地区佛教遗迹共8片区域展开介绍。

- **宗教篇（下）**

此卷是对佛教之外的其他宗教传播的专题研究，内容包括：

主旨论文：《丝绸之路上的多元宗教》，由北京大学考古文博学院陈凌教授撰写，分为5章展开：一、引言；二、火祆教在丝绸之路的传播与遗存；三、摩尼教在丝绸之路的传播与遗存；四、景教在丝绸之路的传播与遗存；五、伊斯兰教在丝绸之路的传播与遗存。

遗产点介绍：基于丝路的多元文化价值特征，选择了43处（国内28处、国外15处）分布于中国、中亚、南亚等丝路沿线的各类宗教遗迹，包括琐罗亚斯德教（祆教）、摩尼教、景教、伊斯兰教和印度教等，其中早期传播的宗教遗迹留存至今的颇为零散，特别是摩尼教因其传教策略"尽可能利用其他已经流传深远的宗教的教义、仪式和称谓"，故在中国大多依托佛教石窟寺或佛寺进行传播。

- **墓葬篇**

主旨论文：《丝绸之路起点的特殊陵墓》，由陕西省考古研究院焦南峰研究员撰写，分为4章展开：（一）丝绸之路及其起点；（二）丝绸之路起点的特殊墓葬；（三）分析与认识；（四）结语。作为关中地区秦汉墓葬的考古发掘领队，作者凭借第一手资料将专题论述集中于这一地区，并首次从丝路关联价值角度予以解读。

遗产点介绍：基于墓葬类遗址对丝路相关重大历史事件的人物或不同生活方式的人群具有独特的见证作用，选择了37处分布于丝路沿线的墓葬遗迹，并在主旨论文涉及的关中地区帝王陵墓之外，适量增补了具有一定代表性的其他墓葬，作为分布格局的补缺；进而参照地理—文化单元的概念，分为中原地区墓葬、河西走廊及两侧地带墓葬、青藏高原地区墓葬、河套地区墓葬、西域地区墓葬、内蒙古高原地区墓葬、东南沿海地区墓葬以及欧洲及中亚、西亚墓葬展开介绍。其中包括4处国外的重要人物墓葬，作为研究拓展的初试。

以上生产、墓葬2卷的主旨论文受研究专长和实物资料的限定，论述内容有所局限，但对于开启一种新的研究角度，仍不失为一种极有意义的尝试，也促使我们意识到研究视野的拓展方向。

丝绸之路是横跨欧亚大陆的超大型文化遗产，是涉及了半个地球的人类文明与文化发展史上最重要的文化遗产，亦可谓是迄今为止全球规模最大的、内涵最丰富、同时也是最具世界意义的文化遗产。有关它的价值研究超越了国境和民族，对人类的过去、现状和未来都具有重要意义。中国作为丝绸之路的东方文明中心，有责任持续推进丝绸之路的遗产研究与保护工作，为国家的"一带一路"倡议作出应有的积极贡献。

序二

陈 凌

丝绸之路申遗经历了一个比较长的时间。不同国家的学者在此期间交流碰撞，实际上都是前人和今人智慧的结晶，因此历史上赫赫有名的丝绸之路终于在 21 世纪的某一时刻成了世界遗产。

在申遗的过程中，确实必须关照每个遗产点的价值，但又必须跳出单个遗产点的限制，有一个整体的宏观认识。至少就我个人而言，这方面的素养是远远不够的。但从另一方面说，在整个申遗过程中也学到了许多新的知识，有了一点新的思考。

就遗产本身的价值而言，与其说是遗址本身体现的，还不如说是从整体的结构体系来体现的。丝绸之路申遗包含了城镇、烽燧、宗教遗存、墓葬等不同类型的文化遗产。这些遗产点既从不同层面展现了丝绸之路的面相，同时它们各自也因为丝绸之路而被界定了意义。

城镇是一个地区的中心平台，能够比较集中地呈现一个区域的社会经济和文化水平。丝绸之路上的城镇经济和多元文化，主要还是因为居民成分的多元。来自不同地区、不同文化、不同族群的人聚居一地，在接触和交往过程中往往会碰撞出新的火花，衍生出新的文化艺术。这个过程往往是不自觉的，渐变的，因此新衍生的文化艺术中不同元素的结合更为自然，不会给人拼凑斧凿之感。这也是丝绸之路上艺术文化往往出人意表、绚烂瑰奇的原因。

墓葬反映了人们对于另一个世界的想象与认识，更是反映了现实世界的生存状态。从墓葬出土的材料中，可以看到不同族群的联系是相当紧密的。事实上，可以说丝绸之路上的族群不存在绝对的"纯粹"，往往都是你中有我，我中有你。陈寅恪先生论及北朝历史时曾经提出文化之关系较重、种族之关系较轻的观点，我想，这个观点对于丝绸之路上古代人群同样是适用的。

古代宗教既是人们的信仰，某种程度上讲也是古代意识形态的重要组成部分。丝绸之路上宗教多元，不同宗教往往相互借鉴。还可以看到，宗教在丝绸之路沿线传播的过程中，也在不断地调适，以适应不同区域的现实。这就是宗教的地方化和本土化的过程。

丝绸之路的一个必不可少的要素就是道路交通。在这次丝绸之路申遗中，明确的道路遗迹是崤函古道。曾经有人质疑，为什么丝绸之路申遗很少包含道路遗产？我的理解是：虽然遗产点中少有道路，但道路已在其中。要说明白这个问题，先得明白古代道路是怎么构成的。笼统地说，道路大致可以分为两类，一类是官道，一类是非官道。官道是主要的交通干线，所连接的是各级城镇，一般沿途配备有必要的邮驿、烽燧设施，为交通和信息传输提供安全保障。比如《新唐书·地理志》所记载的道路，主要就是这一种类型的官道。非官道是交通支线，沿途则不配备邮驿、烽燧设施。不过，两类道路并不是截然分开的，一方面是支线最终都与主干线相连，另一方面是必要的时候官方行动也可能利用非官道。因此，确定了城镇、邮驿、烽燧等要素之后，实际上也就确定了连接彼此的交通道路。当然，丝绸之路道路的意义绝不仅是物化层面的，更重要的则是道路所承载的经济、文化通道功能。

固然丝绸之路是言人人殊，但或许有一些共同的认识。就我个人的理解，丝绸之路是一种世界体系格局，丝绸之路不是固化在一定的时空之内，而是跨越时空的。支持丝绸之路跨越时空的，不仅仅是丝绸之路上文化的多元交融、绚丽多彩，更是丝绸之路背后所蕴含的包容、互鉴的精神。可以说，在丝绸之路上的每一个人都在创造着丝绸之路。不同器乐、不同声部的合奏，造就了丝绸之路宏大的交响乐章。一种器乐、一种声音，只能是独奏，不可能成为震撼人心的交响乐。我想，这就是丝绸之路辉煌的根本成因，也是可以跨越时空给予后人启迪的可贵之处。

凡例

本系列丛书共收集290处丝绸之路相关遗产点，分别归入《城镇篇》《交通篇》《生产篇》《宗教篇（上）》《宗教篇（下）》《墓葬篇》6卷予以分类介绍。有鉴于丝绸之路的遗产点在时空范围和历史文化内涵方面涉及面甚广，大多存在历史年代累叠、研究深度不足或相关价值特征研究更为欠缺等复杂情况。为此，本书以"丝绸之路：长安－天山廊道的路网"所含33处遗产点为基础，扩展至《世界遗产名录》及预备名单中与丝绸之路相关的部分遗产点，适量补充我国与丝绸之路相关的若干重要文物保护单位与个别案例，参照文化遗产的陈述模式制定下列统一编撰体例：

遗产点编撰凡例：

—遗产点的遴选范围依据丝绸之路范畴"两片三线"：陆上丝绸之路和海上丝绸之路，沙漠绿洲路线、草原路线、海上路线。

—遗产点的时间范畴依然依据UNESCO世界遗产中心2007年的《概念文件》规定，以公元前2世纪至公元16世纪为限，即以张骞出使西域为起始、至大航海时代之前为终止。

—遗产点的空间范畴受现有资料限定，以中国为重点，外扩至亚欧大陆乃至整个世界的丝绸之路分布范围。

—遗产点的分类主要依据文化线路理论，以其对丝绸之路整体价值的支撑角度，即历史功能进行归类介绍，必要时辅以地域分类。

—各类遗产点的排序以其在丝路上发挥显著作用的年代为准，忽略对最初始建年代或16世纪之后繁荣时期。

—遗产点的介绍体例包含了表格、文字、图片三种形式。其中：表格选择遗产点的基本信息予以简要表述；文字以世界遗产的"简要综述"体例结合系列集合遗产的特性编撰，由"事实性信息"和"丝路关联和价值陈述"两部分内容组成，侧重介绍遗产点与丝绸之路相关的历史信息；图片包括线图与照片，力求直观表达遗产形象。

—遗产点的介绍内容主要来自世界遗产、文物保护单位等遗产保护身份的基础材料及其研究论著。

丝路总图绘制凡例：

—丝绸之路总图的路线勾勒以表达亚欧大陆以丝绸为大宗贸易的"贸易大动脉"为主要意向，不同历史时期的路线分别以不同色彩标注；有关宗教传播、外交使者及其他重要历史事件的路线暂不予标注。

—路网节点城市以现代城市名标注，后附不同历史时代曾用名。

—节点城市之间的连线仅为交通关系示意，不对应道路地形的实际走势。

目 录

序一
序二
凡例

丝绸之路与佛教艺术

一、绪言　002
二、古代西域佛教遗迹　004
三、河西及甘宁黄河以东石窟寺遗迹　019
四、中原地区佛教遗迹　037
五、南方地区佛教遗迹　054
六、古代印度、中亚及其他国家佛教遗迹　058

古代西域佛教遗迹

热瓦克佛寺遗址
Rawak Buddhist Temple Ruins　070
克孜尔千佛洞
Kizil Thousand Buddha Caves　073
苏巴什佛寺遗址
Subash Buddhist Ruins　076
森木塞姆千佛洞
Simsem Thousand Buddha Caves　081
七个星佛寺遗址
Shikshin Buddhist Temple Ruins　085
库木吐喇千佛洞
Kumtura Thousand Buddha Caves　088
柏孜克里克千佛洞
Bezeklik Thousand Buddha Caves　092
吐峪沟石窟
Tuyoq Cave Temple Complex　095
达玛沟佛寺遗址
Damagou Buddhist Temple Ruins　098

河西、陇东地区佛教遗迹

莫高窟
Mogao Caves　102
天梯山石窟
Tiantishan Cave Temple Complex　106
炳灵寺石窟
Bingling Cave Temple Complex　108
马蹄寺石窟群
Mati Cave Temple Complex　111
麦积山石窟
Maijishan Cave Temple Complex　113

须弥山石窟
Xumishan Cave Temple Complex　118
水帘洞—大像山石窟
Shuiliandong–Daxiangshan
Cave Temple Complex　122
南北石窟寺
Southern and Northern Cave
Temple Complex　125
榆林窟
Yulin Cave Temple Complex　127
张掖大佛寺
Great Buddha Temple in Zhangye　131

中原及周边地区佛教遗迹

法门寺遗址
Famen Temple　134
云冈石窟
Yungang Grottoes　137
龙门石窟
Longmen Grottoes　142
永宁寺遗址
Site of Yongning Temple　145
巩县石窟
Gong County Cave Temple Complex　147
嵩岳寺塔
Songyue Temple Pagoda　150
天龙山石窟
Tianlongshan Cave Temple Complex　152
响堂山石窟
Xiangtangshan
Cave Temple Complex　155
兴教寺塔
Xingjiao Temple Pagodas　158
大佛寺石窟
Bin County Cave Temple Complex　160
鸠摩罗什舍利塔
Kumarajiva Sarira Stupa　164
大雁塔
Great Wild Goose Pagoda　166
小雁塔
Small Wild Goose Pagoda　169
佛光寺
Foguang Temple　172
独乐寺
Dule Temple　176

佛宫寺释迦塔
Sakyamuni Pagoda of Fogong Temple
(Wooden Pagoda of Ying County) 179
华严寺
Huayan Temple 183
隆兴寺
Longxing Temple 186
白马寺
Baima Temple 190
妙应寺白塔
White Stupa of Miaoying Temple 193

南方地区佛教遗迹

大佛寺石弥勒像和千佛岩造像
Stone Mitreya Statue and
Qianfoyan Statues of Dafo Cave Temple 196
栖霞山千佛崖石窟
Qianfoya Cave Temple of Qixiashan 198
广元千佛崖摩崖造像
Qianfoya Rock Carvings in Guangyuan 200
大足石刻（宝顶山摩崖造像、北山摩崖造像）
Dazu Rock Carvings (Baodingshan Rock Carvings and
Beishan Rock Carvings) 202
飞来峰造像
Feilaifeng Rock Carvings 205
光孝寺
Guangxiao Temple 209
华林寺
Hualin Temple 211
保国寺
Baoguo Temple 213
开元寺
Kaiyuan Temple 216
阿育王寺
King Asoka Temple 219
天童寺
Tiantong Temple 221

东北地区佛教遗迹

朝阳北塔
Chaoyang North Pagoda 224
奉国寺
Fengguo Temple 227

蒙古高原佛教遗迹

阿尔寨石窟
Arjai Caves 231
美岱召
Meidaizhao Lamasery (Maitreya Lamasery) 234
大召
Dazhao Lamasery 237

青藏高原佛教遗迹

大昭寺
Jokhang Lamasery 242
桑耶寺
Samye Lamasery 245
夏鲁寺
Shalu Lamasery 248
塔尔寺
Kumbum Lamasery 250

古代印度与中亚、东亚佛教遗迹

佛祖诞生地兰毗尼
Lumbini, the Birthplace of the Lord Buddha 254
桑奇大塔
Buddhist Monuments at Sanchi 256
那烂陀寺遗址
Archaeological Site of
Nalanda Mahavihara at Nalanda, Bihar 258
阿旃陀石窟
Ajanta Caves 260
埃洛拉石窟
Ellora Caves 264
塔克特依巴依佛教遗址
Buddhist Ruins of Takht-i-Bahi 268
巴米扬石窟
Cultural Landscape and
Archaeological Remains of the Bamiyan Valley 272
石窟庵和佛国寺
Seokguram Grotto and Bulguksa Temple 274
法隆寺
Horyu-ji Temple 277
东大寺
Tōdai-ji Temple 280

图片来源 283

丝绸之路与佛教艺术

李裕群

一、绪言

公元前138年西汉武帝派遣张骞出使月氏，凿通丝绸之路。随之中原封建王朝与西方诸国开始了频繁的政治、经济和文化交往，西方的佛教、祆教、景教、摩尼教、伊斯兰教等各种宗教也源源不断传入中土大地。其中佛教在丝绸之路文化交流中扮演了极其重要的角色，绵延千年，繁盛不衰，持续影响着中国社会的方方面面。如今在古老的丝绸之路上，古代西域、河西走廊、中原大地，乃至于大江南北存留着的众多佛教遗迹充分说明了这一点。

佛教是世界三大宗教之一。它起源于古代印度，创始人释迦牟尼原名悉达多·乔达摩，是古代北印度迦毗罗卫国（今尼泊尔南部提罗拉科特附近）国王净饭王的太子，属于释迦族。释迦生活的年代，大约在公元前6世纪至公元前5世纪间。释迦传法初期，佛教僧团过着居无定所的生活。当释迦率领众弟子进入摩揭陀首都王舍城后，国王频毗娑罗皈依了佛教，并在城外为佛陀建立了竹林精舍。拘萨罗国商人给孤独长者也在王舍城皈依佛教，回国后与祇陀太子在首都舍卫城外为佛陀舍建了祇园精舍。这样竹林精舍和祇园精舍被认为是佛陀时期最初的佛寺。在进行了长达45年的传教后，释迦于拘尸那迦城附近的希拉尼耶伐底河边的娑罗树下涅槃，弟子们将其火化，舍利分给八国，起塔供养。塔，梵语为 stūpa，在汉文佛典的翻译中有多种不同的音译，如窣睹婆、窣堵婆、薮斗婆、苏偷婆、塔婆、佛图、浮图、浮屠等，按意译作高显处、方坟、圆冢、坟陵、塔庙等。通俗地讲，塔是用砖、石、木等建造而成，用来安置如来肉身舍利的陵墓或坟墓。在古代印度还有一种塔式建筑，称为"支提"（梵语 caitya）。东晋佛陀跋陀罗、法显所译《摩诃僧祇律》卷三十三明确地说："有舍利者名塔，无舍利者名支提。如佛生处、得道处、转法轮处、般泥洹处、菩萨像、辟支佛窟、佛脚迹。此诸支提得安佛华盖供养具。"（《大正藏》卷22，498页）可知塔与支提的区别在于有无佛陀舍利，有舍利者称为塔，无舍利者称为支提。虽然后世往往将二者混为一谈，但作为供养礼拜之建筑物，无疑是寺院中最重要的组成部分。

佛教寺院是僧侣礼拜供养、布法传道、修行起居的场所。因此，寺院一般应有塔、佛殿、讲堂和僧房的设置。根据使用功能的不同，印度佛寺有不同的称谓，如"僧伽蓝"（Sangharama，意为静园、众园），"支提"（Caitya，或称"制多""制底"），"毗诃罗"（Vihāra，或称"精舍"，意为智德精练者之所在，可释为僧房），"阿兰若"（Aranya，或称"阿练若""兰若"，意为"空静处""闲静处""远静处"，指远离村落适合修行之场所），"招提"（Caturdisa，意为四方僧侣来往依住之客舍），"道场"（Bodhimanda，谓佛成道之所，故道场也可作为佛寺别名）。佛教传入中国初期，由于来自西方的僧人一般被安排在接待宾客的官署，如鸿胪寺、太常寺等处居住，所以，人们习惯上把僧众供佛和聚居修行之处通称为"寺"。在中国还有浮屠（佛图）祠、寺刹、佛堂等称谓。宋赞宁在《大宋僧史略》中又将佛寺归纳为六种：窟、院、林、庙、兰若、普通[1]。其中所谓窟，即石窟寺，实际上，它是模拟地面寺院建筑进行开凿的，是寺院形制的另一种表现形式。

坐禅是僧侣的一种修行方式。禅是古印度梵文 Dhyāna 的音译，意思为"静虑"，表示静坐凝心专注观景的形式，中国僧人习惯上称为禅定。修禅首先要观像，这样静虑入定之后会出现种种见佛的幻境，达到心神与佛交融的境地，最终能够成就"无上道"。因此，寺院中塑造了配合观像需要的佛教偶像。

以像设教成为佛教最重要的特征，所以中国古代称佛教为"象教"。偶像的崇拜作为传播佛教思想的辅助手段，比如佛陀的形象、佛陀一生的事迹（佛传故事）、佛陀用于教化众生的故事（因缘故事）、佛陀累世修行积德的故事（本生故事）等，通过艺术形象来表现，以此宣扬佛教教义，使民众崇拜和信奉它，由此产生了佛教雕塑和绘画艺术。不过，在古代印度佛教传播的最初几个世纪里，佛像还没有出现，人们将菩提树、佛塔、佛座、佛足等视作佛陀的象征，而礼拜供养。约在公元 1 世纪后期，最早的佛像诞生在西北印度深受希腊文化影响的犍陀罗地区（今巴基斯坦白沙瓦）。犍陀罗是贵霜帝国的统治中心，也是佛教文化和艺术的中心，那里的古代雕塑家们采用古希腊雕塑艺术技巧和形式来表现佛陀的形象。这种具有古希腊风格的佛像对中亚和东亚影响很大。公元 2 世纪初左右在犍陀罗制作佛像的思想影响下，印度北部秣陀罗地区（今印度新德里南面）也开始雕造佛像了，但与犍陀罗艺术明显不同，主要融合印度原有雕刻艺术的传统，佛像具有古代印度人的面容，健壮的体格。秣陀罗佛教艺术对东南亚和东亚也影响很大。

随着佛教文化的广泛传播，源于古代印度的佛教艺术经中亚、西域，逐渐向中国内地传播，经由中国的融合与发展，又反向回传到西域，并东传到朝鲜半岛和日本列岛。在佛教艺术传播的过程中，由于各区域、各民族具有不同的历史文化背景和传统习俗。因此，佛教初传之时，为了获得更大的发展空间，自然会融入当地各种文化因素，寻找到适合于自身植根的土壤。在与当地传统文化的不断融合中生根发芽、开花结果。从这个意义上来说，佛教传入某地的同时，也往往开始了本土化的进程，在不断地交融和创新的发展过程中，形成了一个又一个各具特色的区域性的佛教艺术中心，它们既相互关联，又彼此影响。从印度到中国，都展现了不同的艺术风貌，这也是佛教艺术的魅力所在。

岁月沧桑，由于历史上频繁的战争、火灾以及人为的破坏等诸多因素，如今许多著名的佛寺早已沦为丘墟，与此相反，由于石窟寺坚固耐久的特性，洞窟内雕塑、壁画大部分幸运地保留下来了，成为我们今天研究佛教艺术发展史十分珍贵的实物资料。

---

[1]〔宋〕赞宁《大宋僧史略》卷一"创造伽蓝"条。

二、古代西域佛教遗迹

新疆地区即是中国古代的西域，在天山南麓、昆仑山以北的茫茫戈壁沙海中，分布着大大小小的绿洲国家。佛教东渐，首及西域，进而影响到中国内地。因此，新疆是佛教艺术东传路线上的一个重要纽带，起着桥梁的作用。由于这种特殊的地缘关系，至迟在公元2世纪左右，西域诸国受古代印度的影响，已大都信奉佛教，修营塔寺渐成风气。其中丝绸之路北道的古龟兹国（今库车）是西域诸国中的一个大国，其地东邻焉耆，西接疏勒，扼控着丝绸之路北道中段。大约到公元3、4世纪，龟兹已成为葱岭以东的一个佛教中心，许多佛教徒来到此地翻译佛经。与盛行大乘佛教的于阗（今和田）不同，龟兹主要流行重在修行的小乘佛教。龟兹王室除了修建规模宏大的塔寺外，约在公元4世纪前后开始雕凿石窟。位于丝路南道的古代于阗则是西域另一个佛教中心，盛行大乘佛教，境内有众多的佛寺遗迹。新疆东部的高昌（今吐鲁番一带），是西域连接河西走廊的关键地带，受于阗和龟兹佛教影响很大，佛教遗迹众多。位于龟兹与高昌之间的古焉耆也有重要的佛教遗迹。另外，值得提及的是位于于阗以东的古楼兰—鄯善国（今若羌一带），也保留了不少早期佛教遗迹。在历史上，新疆佛教遗迹遭受自然和人为的破坏，特别是19世纪末到20世纪初，俄、德、英、法国等西方列强肆意盗窃，佛寺遗迹保存状况不好，石窟内残存的塑像无一幸免，部分洞窟的壁画也遭盗割。

（一）古代龟兹

以库车、拜城为中心的古龟兹地区，佛教遗迹最为丰富，尤其是石窟寺数量多，规模大，开凿年代从4世纪前后一直延续到13世纪，是新疆佛教遗迹的精华所在。典型石窟有拜城克孜尔石窟、库车库木吐喇石窟和森木塞姆千佛洞等。由于地质条件所限，石质不适宜雕刻，所以石窟寺都采用了塑像和壁画相结合的表现手法。这些雕塑和壁画，特点鲜明，具有浓郁地方色彩，反映了古龟兹地区佛教塑画艺术是在融汇西方佛教艺术和当地传统文化的基础上发展起来的。

1. 拜城克孜尔石窟

克孜尔石窟位于拜城县城东约60km，东距库车约21km，是古龟兹地区规模最大、年代最早，最具代表性的石窟。洞窟主要开凿在木札提河北岸悬崖峭壁上，分为谷西区、谷内区、谷东区和后山区，现有编号洞窟236个，壁画保存较好的有81个。开凿年代约4世纪初到7世纪后期。

主要礼拜窟有塔庙窟、大像窟、方形窟，另外还有供僧人起居、修行的僧房窟。以一座或多座塔庙窟或者大像窟为中心，配以僧房窟和方形窟，构成类似佛堂的组合关系。塔庙窟是龟兹石窟中最主要的礼拜窟，平面纵长方形，券顶。洞窟后部设方形中心柱。中心柱正壁开一大龛，龛内原塑释迦坐像。左右为低矮的礼拜道，穿过礼拜道即为后室。这种形制源于印度塔庙窟，但印度同类的洞窟后部的佛塔完全是地面佛塔的翻版，而克孜尔石窟的中心方柱，只是具有象征意味的佛塔，是龟兹地区的特色。尽管与印度塔庙窟的形制不同，但都具有绕塔礼拜和供养的性质。大像窟的构造实际上属于塔庙窟衍生出来的一种形制，最大的差别是窟室明显加高，中心柱正壁原来塑有高达 10m 左右的释迦立佛。可以想象当年是多么宏伟！可惜这些大型立佛无一存留。这种大立佛的崇拜与塑造在龟兹地区广泛流行，在库木吐喇、森木塞姆石窟都有发现。南朝梁僧祐《出三藏记集·比丘尼戒本所出本末序》记载，龟兹国"寺甚多，修饰至丽。王宫雕镂立佛形象，与寺无异"。唐玄奘在《大唐西域记》中记述他亲眼所见龟兹国的大立佛像："大城西门外，路左右各有立佛像，高九十余尺，于此像前建五年一大会处。"举国僧侣、国王大臣乃至臣民都到此参加大斋会，并将寺院内的佛像载在车上巡游。看来龟兹寺院乃至于王宫都以雕镂大立佛为主，这是龟兹佛教艺术的一个重要特点。在葱岭以西，大立佛的雕造仅见于 6-7 世纪雕凿的阿富汗巴米扬东西大佛，在中原地区始见于 5 世纪中期开凿的云冈石窟第 18 窟和 16 窟。从这一点来看，龟兹佛教艺术对周边地区是有很大影响的（图 1）。

克孜尔塔庙窟和大像窟是主要的礼拜窟，塑画题材和布局十分讲究，层次分明，充分考虑了佛教徒礼忏供养的需求。中心柱窟正壁龛内原塑释迦坐佛，许多表现为帝释窟说法（即佛陀在火窟中为帝释天乐神般遮翼解疑的场景），龛外绘菱格山峦或听法菩萨和伎乐

图1　克孜尔新1窟立佛

图2 克孜尔第38窟窟门上方弥勒菩萨

图3 克孜尔第205窟龟兹王和王后

天;大像窟正壁塑释迦立像。与中心柱正壁相对应的主室前壁窟口上方绘弥勒菩萨(图2)说法图,示现弥勒菩萨是释迦的继任者。弥勒作交脚坐姿,上有圆拱龛楣,象征着弥勒所居的兜率天宫,围绕着弥勒是听法的诸菩萨及天人。左右壁不分栏或分上下栏,各栏绘二或三铺因缘、佛传类故事。壁面下部有的绘有龟兹王、王后及贵族等供养人行列(图3),他们身着龟兹贵族装束,人物形象生动,这是龟兹王室虔诚礼佛的真实写照。壁面上部靠近券顶处绘出凹凸凭台,天宫是用圆拱龛作为象征,龛内伎乐(图4),有的手持乐器作奏乐状,有的作舞蹈状,这些都是表现龟兹乐舞的形象资料。后室前后壁分别绘释迦佛涅槃诸弟子菩萨举哀图(图5)和焚棺或分舍利图,左右壁绘舍利塔。在涅槃像佛头一侧往往绘有释迦临涅槃前度乐神善爱犍闼婆王皈依佛法的故事。有的洞窟则凿出涅槃台,塑大涅槃像。这些以涅槃为中心的画面,与左右甬道所绘的故事画,共同构成了隧道式的艺术画廊,便于信徒们绕塔礼拜。涅槃图的构图方式与犍陀罗同类作品是一致的,反映了西方艺术对龟兹的影响。

窟顶中脊上绘出纵向的星宿天象图,日神和月神分居中脊两端,金翅鸟居中,其间绘有风神、蛇形龙、立佛等。有的还绘出了黄道十二宫的图像。日神有两种表现形式,一种是人形日神,一种为圆形太阳。人形日神头戴宝冠,身穿甲胄,双腿交叉,坐于车上,两侧各驾一马。有的则坐于双轮车上。人形日神具有明显的西方传统日神的形象。月神表现方式相同,但在现存的克孜尔壁画中,人形月神不见有马车。风神为半身赤露、双乳下垂的人形,双手持一风袋。金翅鸟为人头鹰身或鹰形双鹰头。蛇形龙为四头并列的样子。中脊左右两边券顶的弧腹壁处,一般绘以菱格山峦为背景的本生故事,或本生、因缘、佛传

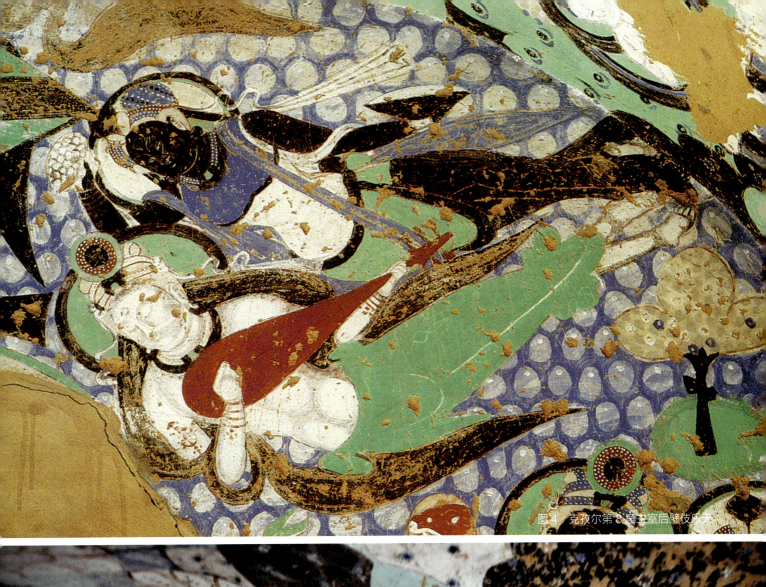

图 4　克孜尔第 8 窟主室后壁伎乐天

图 5　克孜尔第 38 窟涅槃图

故事相间布置。每个菱格绘出一个故事情节，菱格山峦是龟兹壁画特有的背景表现方式。

故事画在克孜尔石窟中十分发达，主要绘有表现佛传、本生和因缘故事等。佛传故事最常见的是四相图，即树下诞生、降魔成道、初转法轮、双林入灭。本生故事讲述佛前生累世行善，如"尸毗王割肉贸鸽""月光王施头""毗楞竭梨王身钉千钉""须大拏太子""鹿王本生""猴王本生"等。佛陀正是通过这些具体而生动的故事，教化弟子和信徒们，只有经过累世行善，最终才能够成就佛道。因缘故事画是佛陀讲述的各种因缘、果报、比喻故事，如"须摩提女因缘""鬼子母失子缘""长老比丘在母胎六十年缘"等，也是用以教化他的弟子和信徒。

从克孜尔早期洞窟的塑画题材来看，主题是释迦佛，反映了龟兹唯礼释迦的小乘佛教占有主导地位。年代稍晚的洞窟出现大量的千佛题材，有的洞窟还有大乘经典《华严经》所奉的卢舍那佛。这些题材与前期的明显变化，反映了大乘佛教对龟兹石窟的影响逐渐加深，这种影响应来自于盛行大乘佛教的于阗和中原地区。

克孜尔的绘画手法采用西域流行的晕染法，即将身体裸露部分用由深到浅的颜色一圈圈涂抹，产生明显的凹凸效果，增强物体的明暗和立体感，在中国古代也称为凹凸花法。这种绘画特点延续时间很长，在克孜尔石窟从早到晚均是如此。壁画构图与古代印度佛教艺术十分相似，各种人物形象长着古印度人的面容，脸庞圆润，体形丰满健壮，衣纹单薄

图6　克孜尔新1窟飞天

1 新疆龟兹石窟研究所编《库木吐喇石窟内容总录》，文物出版社，2008。
2 格伦威德尔：《中国突厥故地的佛教寺院》（*Altbuddhistische Kultstätten in Chinesisch-Turkistan*），柏林，1912。参见日本中野照男：《二十世纪初德国考察队对库木吐喇石窟的考察及尔后的研究》，刊于新疆维吾尔自治区文物管理委员会、库车县文物保管所、北京大学考古系编《中国石窟·库木吐喇石窟》，文物出版社，1992。
3 梁志祥、丁明夷：《新疆库木吐喇石窟新发现的几处洞窟》，《文物》1985年第5期。
4 参见前引《中国石窟·库木吐喇石窟》图版188。

贴体，充满异域风情。年代稍晚的洞窟壁画较普遍使用中原传统汉画线描技法，说明克孜尔石窟艺术是在本地区艺术传统基础上，接受中原文化影响同时又吸收外来文化的艺术结晶（图6）。

2. 库车库木吐喇石窟

库木吐喇位于库车县城西21km木札提河东岸，洞窟分谷口区和大沟区两部分，共有112个。谷口区附近还有两处规模较大的寺院遗址，即乌什吐尔遗址和夏哈吐尔遗址[1]。20世纪初，德国人曾多次考察，盗走了大量的壁画[2]。20世纪70年代末至80年代初，在沟口区和大沟区新发现一些洞窟，比较重要的有GK20、GK21窟（图7），第75、79窟[3]。

库木吐喇石窟的始凿年代略晚于克孜尔石窟，约从5世纪开始，一直延续到11世纪。根据洞窟和壁画的变化特征，一般将库木吐喇石窟的开凿历程分为三个阶段。

第一阶段，约为5-7世纪。洞窟主要有塔庙窟、大像窟和方形窟。以塔庙窟为主要的礼拜窟，与克孜尔早期洞窟一致，塔庙窟流行的是正壁一龛制。大像窟也与克孜尔石窟相同，中心柱前壁塑10m以上的大立佛。中心柱左右后三面设有甬道，可供人绕塔礼拜。后室左右后壁凿涅槃台或像台。有的大像窟无中心柱，佛像依崖壁塑造，佛像下部两侧有隧道后接后室。方形窟一般有前室和主室，穹隆顶。库木吐喇流行主室正中设像台，台上原塑佛像。第GK20窟还发现了现存新疆早期石窟中唯一完整的佛坐像（图8）[4]。洞窟组合

图7　库木吐喇GK21窟窟顶菩萨像

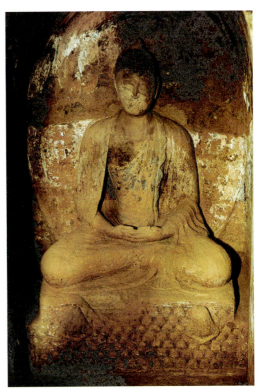

图8　库木吐喇GK20窟泥塑佛像

与克孜尔石窟比较相似，有多座中心柱窟和其他类型的洞窟组成的寺院。塔庙窟、大像窟和方形窟一般都保存有壁画。塔庙窟现存壁画主要分布在主室、中心柱和后室壁面及窟顶。一般主室前绘弥勒兜率天宫说法（图9），窟顶中脊绘天宫，有日神（图10）、月神、金翅鸟、立佛等。左右绘以菱格山峦为背景表现释迦牟尼前身和今世修行、教化、说法的本生、因缘和佛传故事。后室后壁以涅槃像为中心，绘出佛传故事。方形窟穹隆顶绘有莲花及条幅状的立佛和菩萨七身至十一身，侧壁多绘佛传故事。绘画技法与克孜尔石窟相同，具有显著的龟兹特色。

第二阶段，开凿年代约为8-9世纪。洞窟形制大体延续第一阶段，主要是塔庙窟、大像窟和方形窟。在壁画题材与内容上，除了龟兹系壁画外，出现并流行与中原地区唐代洞窟相似壁画内容，如在塔庙窟中主室两侧壁为通壁一铺经变画。内容有药师经变、西方净土变（包括观无量寿经变），其构图形式、人物形象、绘画技法等方面均与敦煌石窟唐代经变画一致，而且有汉文书写的榜题。塔庙窟甬道和后室侧壁绘有立佛、立菩萨像，榜题有"南无阿弥陀佛""南无救苦观世音菩萨"等。在其他类型的洞窟中，还出现千手千眼观世音菩萨像。这表明库木吐喇石窟有汉僧，是他们带来了中原佛教文化和艺术[1]。

1 马世长：《库木吐喇的汉风洞窟》，刊于《中国石窟·库木吐喇石窟》，文物出版社，1992。

图9 库木吐喇第43窟窟顶佛说法图

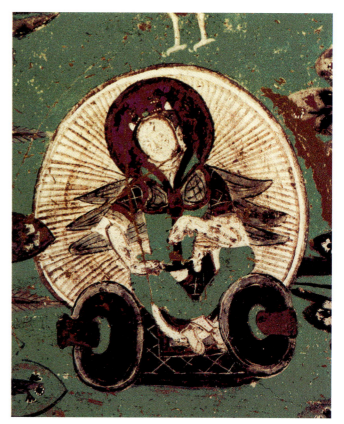

图10 库木吐喇第23窟券顶坐双轮车的人形日神

第三阶段，开凿年代约为10-11世纪或稍晚。这是回鹘高昌统治龟兹地区开凿的，洞窟数量较少，保存较好的有第75窟和第79窟。第75窟是1977年发现的一座长方形纵券顶窟，窟内正壁绘一持钵高僧，高僧两侧绘六道轮回的场面。左右壁下方绘有男女供养人行列，身着回鹘装，像旁附有汉文题名。第79窟是1982年发现的一座方形穹隆顶窟，壁画为回鹘时期重绘。窟内正壁绘有回鹘高僧及世俗供养人像，侧壁为地狱变及干夷王施头本生。窟门右侧前壁画身着回鹘装的男女供养人像，像旁有汉文、回鹘文题名，像上有龟兹文题名。汉文题名中有"颉利思力公主"等。这种附三种文字的供养人榜题是前所未见的，是研究洞窟的开凿年代、龟兹文使用下限的珍贵资料。

3. 库车森木塞姆石窟

森木塞姆千佛洞位于库车东北约40km的库鲁克达格山口东西两侧的山腰上，现有编号洞窟57个[1]，是古代龟兹王国东境最大的石窟寺。洞窟的分布在龟兹石窟中别具特色，它以地面寺院为中心，形成了围绕寺院开凿洞窟的特殊布局。现存可以判别窟形的有39个洞窟，包括塔庙窟18个，大像窟4个，方形窟15个，僧房窟2个（包括大型禅堂1个）。可以看出这些洞窟主要以礼拜窟为主，中区大寺院则是修禅和起居的主要场所。

塔庙窟一般有前室、主室、中心柱及后室，流行克孜尔第一阶段的正壁一龛制。大像窟规模较大，地位重要。从洞窟群布局看，各以两个大像窟（其中北崖第11窟和第43窟）为礼拜中心。大像窟形制与克孜尔石窟一致，中心柱前壁塑大立佛，如第11窟原塑立佛高达15m。后室凿涅槃台或像台。另外有方形窟，一般有前室和主室。与克孜尔石窟相比，窟顶形式多样化，有斗四套斗顶、平棊顶和穹隆顶。尤其是穹隆顶内绘有莲花及条幅状的立佛和菩萨七身，与库木吐喇石窟较为相似。

塔庙窟、大像窟和方形窟一般都保存有壁画，题材布局与克孜尔石窟一致。塔庙窟主室前壁绘弥勒兜率天宫说法，窟顶中脊绘天宫，有日神、立佛等，左右绘以菱格山峦为背景的本生、因缘和佛传故事。本生故事主要有舍身饲虎、须达拏本生、月光王施头等；因缘故事有梵志燃灯供养、沙弥守戒自杀等；佛传故事有初转法轮、佛涅槃图等。后室后壁绘或塑涅槃像。大像窟主室左右壁上下分栏绘立像、坐像，上栏绘或塑供养天人。后室后壁塑或绘涅槃像。方形窟前壁绘兜率天说法，左右壁多分栏分格绘连环画似的佛传或因缘故事。方形窟内不设坛的洞窟，其后壁一般都绘菩萨或高僧为中心的大幅壁画。大约到6世纪以后出现中原地区流行的大乘佛教的千佛题材，表现了中原佛教文化对西域的影响。

4. 库车苏巴什佛寺遗址

苏巴什佛寺遗址位于库车县城东北约23km处，遗址规模很大，铜厂河流贯其中，将遗址分为东西两区以及西区东北的石窟群。西区南北长685m，东西宽170m；东区南北长535m，东西宽146m。此寺即《高僧传·鸠摩罗什传》所记其母亲龟兹王妹听法的王家佛寺"雀离大寺"，也是唐玄奘《大唐西域记》卷一屈支国（旧曰龟兹）条所记"昭怙

---

[1] 新疆龟兹石窟研究所编《森木塞姆石窟内容总录》，文物出版社，2008。

厘二伽蓝"。1907年,法国伯希和曾做过较大规模的发掘[1];1928年和1958年黄文弼做过部分发掘[2]。遗址现状与一百多年前的旧图片比较,可以看到许多建筑,如佛塔等,今已不存。

寺院内建筑遗址众多,有佛堂、塔堂、塔院、讲堂、僧房和禅窟。佛堂建筑平面方形,主室正壁设佛龛,内置佛像。有的佛堂外形似高塔,塔身内设佛堂,大概是佛堂与佛塔结合的产物。塔堂方形平面,内设一中心塔柱,与龟兹流行的中心柱有密切关系。塔院在东西两区各有2处,以露天大塔为中心,四周环绕围墙,佛塔方形高台基,有台阶可供登临,塔身为半球形覆钵。这种单独设置的塔院,与犍陀罗地区佛寺中的塔院相似。讲堂为高僧大德宣讲佛法处,面积较大。僧房和禅窟共有5座,距离西区寺院稍远,是僧侣修行之所。

一般来说,一座寺院往往由佛堂、塔院、讲堂构成基本要素,塔院在寺院中具有突出的地位。如果以一座塔院作为判断一座寺院的标准的话,那么,苏巴什佛寺遗址大概至少是由4座寺院组成的庞大的佛寺群。

(二)古代于阗

佛教何时传入古代于阗,尚无法确定。大约在公元1世纪以后[3],佛教在于阗得到了迅猛发展,成为丝路南道上的佛教中心。于阗盛行大乘佛教,大乘佛教的重要经典《华严经》《涅槃经》均与于阗有关。公元401年,东晋法显到达于阗国,记"其国丰乐,人民殷盛,尽皆奉法,以法乐相娱。众僧乃数万人,多大乘学。""彼国人民星居,家家门前皆起小塔。"于阗国中有四大僧伽蓝,其中有于阗王所重的瞿摩帝寺,恒供三千僧。由王室和寺院组织盛大的行像活动,即从瞿摩帝寺开始,可见于阗佛教之盛。于阗境内保存的佛教遗迹十分丰富,如沙漠深处的丹丹乌里克佛寺遗址群。这些遗迹早年也同样遭受西方列强的盗挖,毁坏严重。近年来,不法分子也在疯狂地盗挖古代佛寺遗址,如2012年发掘的于田县喀尔克乡托格拉克墩(胡杨墩)佛寺遗址就是破获文物盗窃案时发现的,因此,保护文化遗产也是当今刻不容缓的事。

1. 洛浦热瓦克佛寺遗址

热瓦克佛寺遗址位于和田洛浦县西北50km的沙漠中。1901年,斯坦因曾经对寺院东南回廊做过部分发掘,发现塑像91尊。1906年,斯坦因又来热瓦克,看到泥塑佛像多被本地寻宝者破坏[4]。

热瓦克佛寺由一座以大塔为中心的方形塔院及其周边其他遗址组成。塔院坐北朝南,边长49m。回廊式的院墙土坯砌筑,残高约3m,南墙中部为院门。塔院中心为高大的佛塔,用土坯砌筑,残高9m。塔基呈方形,分为两层,高5.3m。底层边长24m,第二层边长11m。塔基四面中部各有一台阶,可供礼拜者登临。塔身为圆柱形,直径9.6m,残高3.6m,覆钵形塔顶已残。塔院及塔的形状与犍陀罗地区佛寺基本一致。值得关注的是回廊

---

[1] 伯希和发掘资料由韩百诗(Louis Hambis)等人整理出版,参见: Mission Paul Pelliot Ⅲ, Site de Koutcha: Douldour-aqour et Soubachi(Planches), Paris, 1967; Mission Paul Pelliot IV, Temples Construits: Douldour-aqour et Soubachi(Textes), Paris, 1982.
[2] 黄文弼:《塔里木盆地考古记》,科学出版社,1958;黄文弼:《新疆考古发掘报告》,文物出版社,1987。
[3] 羽溪了谛:《西域之佛教》,贺昌群译,商务印书馆,1999。
[4] 斯坦因:《古代和阗—中国新疆考古发掘的详细报告》(Ancient Khotan Detailed Report of Archaeological Explorations in Chinese Turkestan),巫新华等译,山东人民出版社,2009。

式的院墙内外壁均塑有精美的佛和菩萨像，以及大量形体较小的佛像和浮雕饰件，院墙上还有少量壁画。回廊内外壁均有成排的大型立佛像。佛像身着袈裟，衣纹细密，衣褶突起而显厚重，紧紧裹着身体，显露出硕壮的躯体，这与犍陀罗造像较为相似。在立佛之间还塑有小型立佛像。

关于热瓦克佛寺的年代，斯坦因根据遗址中出土的100多枚"五铢"钱以及塑像的风格，认为这座寺院存在于3-7世纪。事实上，热瓦克佛寺使用时间很长，后世重修、补塑的情况较多，在塑像中还可以看到具有唐代风格的佛头，让人感受到来自中原唐代佛教艺术的影响，因此，寺院创建可能在3-4世纪，至少沿用到唐代。

热瓦克佛寺的形制布局与犍陀罗佛寺有着密切的关系，精美的佛像塑像也同样如此，这在新疆古代佛寺遗址中较为少见，也为研究于阗佛教艺术与犍陀罗的关系提供了极为重要的资料。

2. 策勒达玛沟佛寺遗址

和田策勒县达玛沟河流域分布着众多的佛教遗迹。2002—2010年，中国社会科学院考古研究所发掘达玛沟乡南部的托普鲁克墩佛寺遗址；2013年发掘了于田县喀尔克乡胡杨墩佛寺遗址。

托普鲁克墩佛寺遗址包含了1号、2号、3号建筑基址，修造年代约在公元7-9世纪间[1]。1号基址破坏严重，现存为面宽1.7m、进深2m的小型佛殿，怀疑是一座佛塔的残存遗迹。1号之西70m为2号、3号建筑遗址。2号为东向的主佛殿遗址，平面回字形，中央设佛坛，残存塑像的木骨，佛殿东侧有配殿。3号为僧院遗址，包括庭院、廊道和僧房。这样，托普鲁克墩遗址包含了塔院、佛堂和僧院，构成一座功能完备的寺院。这座寺院出土了塑像和大量的壁画。以1号为例，殿内北壁塑主尊坐佛，佛两侧绘二立佛，门两侧绘护法神，有足踩小鬼的毗沙门天王。殿内左右壁绘立佛、菩萨以及供养人等。2号、3号也出土有塑像和壁画。特别是供养人不仅有于阗人，还有中原汉人和吐蕃人，反映了各民族和谐相处的场景。从壁画特点看，充分表现了于阗画派"屈铁盘丝"式的线条和凹凸晕染的风格。

胡杨墩佛寺遗址是一座大型回廊式佛殿建筑，周围还有其他建筑遗迹，修造年代约在4世纪左右[2]。佛殿建筑有双重回廊，南面开门。遗址破坏严重，但回廊周壁壁脚仍残存大量壁画，有成排的大型立佛群像、花绳裸体童子等。立佛群像与和田热瓦克佛寺回廊表现一致，特别是裸体童子，在每个连弧的花绳下均绘有一身。童子头束双发髻，卷曲的长发披肩，脸庞浑圆，大眼高鼻，双肩搭披巾，全身裸露，手舞足蹈，栩栩如生（图11、图12）。这种形象在于阗佛寺遗址中首次发现（犍陀罗造像底座十分流行裸体童子肩扛花绳的形象），在若羌米兰佛寺遗址中也发现了裸体童子肩扛花绳的壁画，使人深刻感受到来自犍陀罗造像的影响。

---

[1] 中国社会科学院考古研究所新疆考古队：《新疆和田地区策勒县达玛沟佛寺遗址发掘报告》，《考古学报》2007年第4期；中国社会科学院考古研究所新疆考古队：《新疆策勒县达玛沟3号佛寺建筑遗址发掘简报》，《考古》2012年第10期。

[2] 上海博物馆：《丝路梵相》，上海书画出版社，2014。

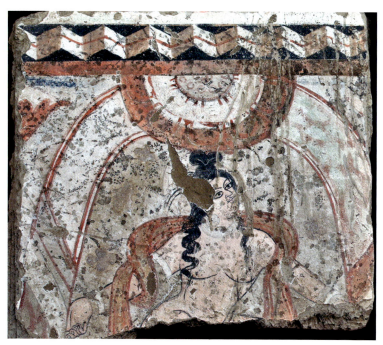
图11 胡杨墩佛寺遗址出土的裸体童子壁画

图12 胡杨墩佛寺遗址出土的裸体童子壁画

（三）古代焉耆

焉耆为西域古国，地处丝路北道，东接高昌，西邻龟兹。唐玄奘《大唐西域记》卷一记载："阿耆尼国，伽蓝十余所，僧徒二千余人。习学小乘教说一切有部，经教律仪，既遵印度。"佛教信仰与龟兹相同。

焉耆七个星遗址位于焉耆县城西南30km七个星镇西南部，建筑遗存93处，洞窟11座，是境内发现的最大的佛寺[1]。1906—1909年，德国格伦威德尔、英国斯坦因和俄国奥登堡都曾做发掘，盗取了大量的塑像、壁画等珍贵文物[2]。佛寺遗址由地面佛寺和石窟组成。地面佛寺分南大寺和北大寺两部分。南大寺分布在三座南北向平行的沙丘上，西面以大型回廊式佛殿为主，配以若干方形僧房建筑；中间为方形礼拜性建筑和僧房建筑群，有的室内设中心佛坛和背屏；地面以一座大型回廊式佛殿为中心，附以其他类型的建筑。佛殿的东北还有佛塔设置。北大寺以一座大型回廊式佛殿为中心，佛殿东南为大型的讲堂院，西面有若干中心塔柱式建筑。佛殿以北散布着多个佛塔，看不到院落的布局。北大寺以北约1km处霍拉山山坡西面，主要有晚期龟兹式的中心柱礼拜窟，现残存很少壁画。地面寺院和石窟内都曾发现不少精美的泥塑佛、菩萨、天王、婆罗门、供养人等塑像，还有高僧讲经图和回鹘供养人等壁画。

从发现的遗物看，七个星遗址建于公元7—9世纪，延续到高昌回鹘时期，主要受到龟

---

1 晁华山：《新疆焉耆县锡格星石窟》，联合国教科文组织、中国社会科学院考古研究所编《十世纪前的丝绸之路和东西文化交流》，新世界出版社，1996，第475—500页；林立：《焉耆县锡格沁地面寺院》，《西域研究》2004年第1期。

2 Albert Grünwedel, *Altbuddhistische Kultstätten in Chinesisch-Turkistan*, Berlin, 1912; M.A. Stein, *Serindia, Detailed Report of Archaeological Explorations in Central Asia and Westernmost China*, Oxford: Clarendon, 1921；俄罗斯艾米塔什博物馆、西北民族大学《俄藏锡格沁艺术品》，上海古籍出版社，2011。

1 参见贾应逸：《且渠安周造寺功德碑与北凉高昌佛教》，收入贾应逸《新疆佛教壁画的历史学研究》，中国人民大学出版社，2010，第334-343页。
2 唐耕耦、陆宏基编《敦煌社会经济文献真迹释录》第一辑，书目文献出版社，1986，第55页。近年来的考古发掘中，吐峪沟出土了丁谷寺的寺院文书。

兹佛教艺术的影响，也和中原唐代佛教文化和高昌回鹘佛教艺术有密切关系，表现出古焉耆国在佛教传播过程中的重要作用。

（四）古代高昌

在吐鲁番市西南有一座高昌古城遗址，这里曾经是十六国河西政权的高昌郡、北凉西迁后的都城、麴氏高昌国的首都、唐代西州的治所和回鹘高昌国的都城，也是古代西域通往东方的门户。东来弘法的高僧和西去拜诣圣迹的和尚都云集于此，佛事兴盛，成为东西方佛教文化艺术的交融和荟萃之地。高昌古城内发现的北凉王且渠安周造寺碑[1]，以及众多的佛寺遗址，显示了往日的辉煌。

大约在5世纪左右，受龟兹开凿石窟的影响，高昌古城以北的火焰山一带兴起了开凿石窟的热潮。大型石窟寺有著名的吐峪沟石窟和柏孜克里克石窟，吐鲁番地区还有一些规模较小的石窟寺，如拜西哈尔、奇康湖、胜金口、雅尔湖等石窟。

1. 鄯善吐峪沟石窟

吐峪沟石窟（图13）位于吐鲁番市东约60km的鄯善县吐峪沟乡麻扎村，西南距高昌故城10余公里。在唐代，吐峪沟石窟寺称为"丁谷寺"，敦煌文书P.2009号《西州图经》记载："丁谷窟有寺一所，并有禅院一所……寺其（基）依山构，揆巘疏阶，雁塔飞空……实仙居之胜地，谅栖灵之秘域。"[2]可以想象唐西州时期吐峪沟佛寺的盛况。洞窟始凿于公元5世纪左右的高昌郡或北凉时期，这里曾经出土过多件北凉王且渠安周的供养经，

图13 吐峪沟石窟沟东区外景

说明吐峪沟石窟与北凉政权有着密切的关系[1]。洞窟的开凿经麹氏高昌（5世纪末-7世纪前期），一直延续到唐西州（7-8世纪）至回鹘高昌时期（9-13世纪）。现存洞窟约有百余座，分布在吐峪沟南段东西两侧的断崖上。

吐峪沟地处火焰山山脉东段，地质结构松散，加上自然和人为破坏，遗址损毁严重。从2010年开始，中国社会科学院考古研究所、吐鲁番研究院等单位组成联合考古队，对吐峪沟石窟遗址群进行了持续多年的保护性考古发掘，新发现了保存有壁画的两座早期中心柱窟和回鹘时期佛堂[2]。

吐峪沟石窟分为沟东、沟西和沟口区。各区均有塔庙窟、方形窟、僧房窟和禅窟。以塔庙窟（包括大像窟）为主要礼拜窟，周围配置僧房窟和禅窟，这一点与龟兹石窟一致。保存壁画的主要是塔庙窟和方形窟。以新发现的沟东区K18窟为例，平面纵长方形，窟内设方形中心柱，围绕着中心柱为券顶式甬道，可以绕塔礼拜。塔庙窟正（西）壁通壁塑佛像背光，原塑一尊高4m多的立佛像。这种形制与龟兹克孜尔的大像窟较为相似。沟西区NK2塔庙窟前部已经坍塌，围绕着中心柱左右后三面均为券顶式甬道（图14）。方形礼拜窟规模稍小，窟顶为龟兹式的穹隆顶，也有中原形制的覆斗顶。有的窟内设有小型佛塔，亦象征了塔庙的性质。塔庙窟和方形窟表现了以佛塔为中心的寺院布局。僧房窟一般平面纵长方形，有的附有耳室，有的有龟兹式的侧廊。禅窟正壁和左右均有小禅室。

与龟兹早期石窟流行小乘题材不同，吐峪沟壁画题材均为大乘佛教内容。如K18中心柱正壁塑立佛外，中心柱左右壁及甬道绘有大型的一佛二菩萨三尊立像（图15）；NK2窟

[1] 参见贾应逸：《鸠摩罗什译经和北凉时期的高昌佛教》一文中"高昌出土的北凉佛经"，收入贾应逸《新疆佛教壁画的历史学研究》，中国人民大学出版社，2010，第318-321页。

[2] 中国社会科学院考古研究所边疆民族考古研究室、吐鲁番学研究院、龟兹研究院：《新疆鄯善县吐峪沟东区北侧石窟发掘简报》《新疆鄯善县吐峪沟西区北侧石窟发掘简报》，《考古》2012年第1期；李裕群、陈凌、王龙、夏立栋：《新疆吐鲁番吐峪沟石窟沟西区高台窟群》，国家文物局编《2016中国重要考古发现》，文物出版社，2017。

图14 吐峪沟西区塔庙窟后甬道壁画

图15 吐峪沟东区新发现的K18壁画

图16 吐峪沟东区K50窟顶壁画

甬道绘立佛群像,其来源与于阗有关。沟东区K50窟(吐编44窟)(图16)为方形窟,窟内左右后三壁上部满绘千佛。千佛中央为一铺说法图,均为一交脚佛二胁侍菩萨;前壁窟门上绘交脚弥勒菩萨二胁侍菩萨说法图。三壁下部则绘本生或因缘故事,与敦煌莫高窟及河西走廊早期石窟相似。穹隆式窟顶则绘龟兹式的佛像,以条幅相隔。唐西州和回鹘时期,壁画题材出现了净土禅观图像、文殊骑狮像、千手观音像、供养菩萨群像、千佛、回鹘贵族供养人等,明显受到中原佛教图像的影响。

在绘画方面,早期洞窟中的佛、菩萨均采用龟兹地区流行的晕染法,即肌体裸露部分采用由深到浅的着色方式,使肌体产生凹凸效果的立体感。这种晕染的方式一直影响到河西走廊及其以东的甘肃永靖炳灵寺石窟,吐峪沟石窟显然是这种绘画方式向东传播的重要一环。晚期则受中原绘画风格的影响。

吐峪沟石窟表现出的于阗、河西、龟兹石窟的因素,说明高昌是西域和中原佛教文化和艺术的交汇之地,在丝绸之路早期石窟寺艺术传播途径中,占有相当重要的地位。

2. 吐鲁番柏孜克里克石窟

柏孜克里克石窟是吐鲁番地区现存洞窟壁画最丰富的一处石窟寺。它位于吐鲁番城东北约40km火焰山木头沟谷中,南距高昌古城10km。洞窟主要开凿在木头沟河西岸的悬崖峭壁上,有70个洞窟[1]。石窟约始凿于麴氏高昌时期(499-640年)。唐代称石窟为"宁戎寺""宁戎窟寺"。在窟前遗址中曾发现了唐贞元年间北庭大都护、伊西北庭节度使杨袭古的《杨公重修寺院碑》[2],可知柏孜克里克石窟是唐代西州重要的石窟寺院。9世纪中叶,

1 新疆维吾尔自治区博物馆编《吐鲁番柏孜克里克石窟》,新疆人民出版社,1996。
2 柳洪亮:《柏孜克里克新发现的〈杨公重修寺院碑〉》,《敦煌研究》1987年第1期。

游牧于天山以北草原地带的回鹘人占据高昌，建立了以高昌为中心的高昌国。9世纪末以后，回鹘人皈依了佛教，柏孜克里克成为回鹘高昌的王家寺院。回鹘高昌对石窟进行了大规模的改凿和改建，留下了丰富多彩的回鹘佛教艺术作品。

柏孜克里克石窟的形制主要有塔庙窟、平面纵长方形券顶窟。中心柱窟与古龟兹地区石窟相似，纵长方形，券顶，围绕中心柱有隧道式的礼拜道。纵长方形券顶窟均为大型洞窟，数量较多，有的洞窟后壁凿涅槃台，台上塑涅槃像，或绘出涅槃像。壁画内容较为丰富，数量最多的是以立佛为中心的佛传图和经变画，分布在窟内两侧壁，或甬道和隧道壁，如燃灯佛授记、初转法轮、涅槃变等佛传故事，以及西方净土变、法华经变等。这些壁画以城池、宫殿、寺院、塔庙等为背景，中心立佛周围绘有护法天部、金刚、菩萨、比丘、国王、童子等群像。整个场面宏大，人物惟妙惟肖。这种经变画应来源于长安最富有特色的、回鹘时期绘制的誓愿画（图17），构图和人物形象具有典型的唐代风格。许多洞窟前壁两侧还绘有回鹘国王、王后、王子、公主及其侍从等供养人（图18）。以比丘或比丘尼为前导，分成男女两排，组成了浩浩荡荡的礼佛行列，显示了回鹘王室虔诚礼佛的场面。另外还有瘞埋高僧的影窟，窟内设土台，台上放置舍利盒。窟内正壁绘山树，山丘两侧二童子正为主人禳灾祈福，侧壁天空鸟蝶飞舞，地上鹤禽漫游，好似天国一般。

除了佛教艺术作品外，柏孜克里克石窟中个别洞窟正壁还保留了一些回鹘皈依佛教之前所绘的摩尼教壁画，表现了高昌地区多种宗教并存的状况。

图17　柏孜克里克第15窟誓愿画

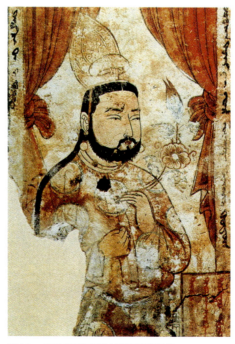

图18　柏孜克里克第45窟回鹘王像

三、河西及甘宁黄河以东石窟寺遗迹

1 宿白：《凉州石窟遗迹与"凉州模式"》，《考古学报》1986年第4期。

从高昌向东，便进入了南北狭窄，东西绵延1000多公里的河西走廊。西汉时在此设立了武威、张掖、酒泉、敦煌四郡。以凉州（今甘肃武威市）为中心的西北一隅是沟通长安与西域的重要交通路线，也是佛教东传的主要途径。《魏书·释老志》记载："凉州自张轨后，世信佛教。敦煌地接西域，道俗交得其旧式，村坞相属，多有塔寺。"说明西晋以来，凉州佛教已相当兴盛，修营塔寺蔚然成风。河西走廊以东丝绸之路分为南北两道，南道经秦州（今甘肃天水市），北道经原州（今宁夏固原市），分别连接长安。约在4世纪后期至5世纪前期，古龟兹开凿石窟寺的风气逐渐影响到河西、陇南和陇东地区。在这个狭长地带的中心城市附近，分布着许多早期石窟寺，如敦煌莫高窟、武威天梯山石窟、永靖炳灵寺石窟等，为十六国时期开凿，表现出凉州佛教造像的艺术风范，对中原地区北魏佛教艺术产生了极为深远的影响，被称之为"凉州模式"[1]。在河西走廊还分布着许多早期石窟，如张掖金塔寺石窟、酒泉文殊山石窟等，洞窟可能是北魏早期开凿的，但仍属于凉州佛教造像艺术的余绪。陇南和陇东则有天水麦积山、固原须弥山等石窟。

1. 敦煌莫高窟

敦煌居河西走廊西端，是中原王朝扼控西域的桥头堡，西域与中原佛教文化艺术在此交汇。坐落在甘肃省敦煌市东南25km鸣沙山东麓的莫高窟，其创建充满着神秘色彩。原存于莫高窟第332窟的武周圣历元年（698年）《李君莫高窟佛龛碑》记载："莫高窟者，厥初（前）秦建元二年（366年）沙门乐僔，戒行清虚，执心恬静，尝杖锡林野，行至此山，忽见金光，状有千佛，遂架空凿险，造窟一龛。次有法良禅师从东届此，又于僔师窟侧更即营建。伽蓝之起滥觞于二僧。后有刺史建平公、东阳王等各修一大窟，自后合州黎庶造作相仍，实神秀之幽岩，灵奇之净域也。"可知莫高窟最初的开凿在4世纪中期以后，北魏、西魏、北周、隋、唐、五代、宋、西夏、元诸代又相继开凿，前后延续了一千年，保存了各个朝代的壁画4.5万多平方米，彩塑2400余尊。这里凝结着古代艺术家们的智慧和创作才能，是中国佛教艺术发展演变的一个缩影。

莫高窟可分为南北两区。南区有编号洞窟487个，保存着大量的塑像和壁画，是礼拜供养的区域；北区主要是供僧众生前生活、居住、禅修，死后瘗埋的区域，保存塑像和壁画的洞窟很少。

莫高窟现存北朝洞窟数量达36个。年代最早的为第268、272和275窟。第268窟原为禅窟，窟内后壁开一龛，塑主尊交脚佛。南北两侧壁各有两个小禅室。第272窟平面方形，后壁开一龛，龛内塑一身倚坐佛。第275窟平面纵长方形，后壁塑一身交脚弥勒菩萨像（图19）。两侧壁上段各开两个阙形龛和一个对树形龛。龛内分别塑交脚菩萨和思惟菩萨，这种汉式的阙形龛可能象征着弥勒菩萨所居的兜率天宫，是敦煌早期洞窟富有特色的龛形；中段绘佛传或本生故事，故事下绘供养人和供养菩萨。这一组洞窟塑像都表现为弥勒，敦煌研究院认为开凿年代早到十六国北凉时期[1]。北魏时期以塔庙窟为主，方柱塔身单层，四面开龛，龛内塑佛像，龛外两侧塑胁侍菩萨、浮塑千佛或供养菩萨像（图20）。西魏北周时期中心柱窟减少，流行平面方形、正壁开一龛的洞窟。此外还有禅窟，如西魏大统四年和五年（538年、539年）开凿的第285窟，两侧壁各凿出四个小禅室。四壁之上绘一排山中坐禅僧，与正壁小龛坐禅僧相辉映，表现了禅观的意境。这种形制的禅窟应来源于印度石窟的僧房窟。北朝时期主要供奉释迦、弥勒，此外还有释迦多宝对坐像、释迦苦修像等。北魏塑像身体均较健壮，服饰属于西方样式的通肩或袒右式袈裟，西魏时期新出现中原地区流行的"秀骨清像"人物形象，佛像服饰也变为汉式褒衣博带袈裟。北朝洞窟内满绘壁画，有说法图、千佛以及佛传、本生和因缘故事。这些佛经故事画题材虽然大都见于古龟兹石窟中，但构图方式迥然有别，不见龟兹流行的菱格单幅式构图，大多为横卷式的连环画，方形单幅式构图较少，其来源应与中原有关。北朝壁画的绘画方式前后变化明显，北魏时期人物面部和身体肌肉裸露部分采用西域地区流行的晕染法。西魏以后采用中原地区流行的染色块的晕染方法。

　　隋唐帝国的统一，给佛教提供了南北文化和中西文化进一步融合和发展的契机。莫高

[1] 樊锦诗、马世长、关友惠：《敦煌莫高窟北朝洞窟的分期》，载敦煌文物研究所编《中国石窟·敦煌莫高窟一》，文物出版社，1982。

图19　莫高窟第275窟交脚弥勒像　　　　图20　莫高窟第435窟内景

图21　莫高窟第276窟说法图中观音和迦叶像

图22　莫高窟第45窟弟子菩萨天王像

窟的开凿也达到了鼎盛，数量达300多个，其中隋代就达101个。隋代塔庙窟数量较少，三壁一龛窟成为最流行的窟形。如第427窟为中心柱窟，前室塑四天王，窟门两侧各塑一力士像。主室中心柱正壁塑立佛像二菩萨像。这种做法可能与龟兹克孜尔石窟的大像窟有一定关系。第305窟窟内正中设方形佛坛，坛上塑像。这为敦煌唐代后期流行的方坛背屏式洞窟开了先河。隋代塑像主要延续了北周塑像的特点，但头与身体比例趋于和谐。佛像一般身着双领下垂式袈裟，新出现袈裟衣边在左肩处有带束起的钩钮式。菩萨像流行上身着背带式僧祇支的服饰。壁画出现了整壁大幅多铺说法图（图21）或故事画，新出现具有中国特色的经变类壁画，尤其是弥勒变题材较阿弥陀净土变更盛行，是两京地区弥勒信仰传入敦煌的反映。洞窟壁面的装饰纹样特别丰富，最有特色的是新出现的西方流行的环形联珠，内有对鸟、对兽等图案。

唐代基本延续了隋代洞窟的形制，主要流行三壁一龛窟。不过唐代正壁龛口向左右敞开，以便展示龛内塑像，这样从视觉上增强了观像礼拜的效果。武周圣历元年（698年）开凿的第332窟和盛唐开凿的第39窟在中心柱后部凿出横长方形涅槃龛，龛内塑涅槃像。这种后壁设涅槃龛的做法与龟兹石窟中心柱正面雕大立佛、窟内后壁凿涅槃龛的传统有一定的关系，很可能受到龟兹石窟寺的影响。唐代新出现了大像窟、涅槃窟和佛坛窟等大型洞窟。如著名的北大像窟（第96窟）是武周延载二年（695年）禅师灵隐、居士阴祖等开凿的，大像高33m；南大像窟（第130窟）是唐开元九年（721年）僧处谚与乡人马思忠等开凿的，大像高23m。大像两侧及后部凿出隧道式的礼拜道，可供佛教信徒绕佛巡礼，这种做法与龟兹石窟大像窟均为相似。唐代的卧佛窟只有第148、158窟两座，平面横长方形，主室后部设涅槃台，上塑大型卧佛像。盛唐以后出现佛坛窟，中心佛坛上有直通壁顶的背屏，有的中心佛坛上不设背屏。这种形制应是模仿两京地区寺院殿堂建筑形式。

唐代塑像一般为一佛二弟子二菩萨像二天王或二力士的组合。如果说初唐时期雕塑艺术还较多地承袭了隋代风格、还不够成熟，那么盛唐时期的雕塑则达到了艺术的巅峰，塑造水平高，表现手法细腻。最为典型的是第45窟等一批洞窟；佛像面相浑圆丰满，身体丰满而不显臃肿；袈裟衣纹稠叠，紧裹身体，呈"曹衣出水"之式；菩萨头束高发髻，颈戴华丽的项圈，肌体柔润，身姿扭成"S"的弯曲，体现了女性柔美的动感（图22）。

唐代洞窟内的塑像和壁画大多经过周密的设计，正壁龛内塑成铺塑像，南北壁绘各种题材的大型经变画。盛唐以后大多经变画中都有盛大的乐舞场面，如胡旋舞、反弹琵琶等，是研究唐代乐舞的珍贵图像。中唐时期新出现了各种瑞像图、佛教史迹画以及屏风画。晚唐时期密宗图像大量流行，如十一面观音、千手千钵文殊、千手千眼观音、不空绢索观音、如意轮观音等，反映了两京地区流行的密教图像对敦煌的影响。供养人行列在唐代出现明显变化，供养人形体高大，占据甬道和窟内较显著的位置。最为典型的是第156窟的晚唐归义军节度使张仪潮出行图和宋国夫人出行图，有仪仗、音乐、舞蹈、随从护卫等人物，组成浩浩荡荡的出行行列，其场面之宏大，构图之精细，实属罕见。

在五代后梁乾化四年（914年），曹议金取代张氏执掌敦煌归义军政权，到景祐三年（1036年）西夏占领敦煌为止，曹氏政权历经一百余年。曹氏诸代均崇佛法，在敦煌还仿照中原设立画院，培养绘画人才，在莫高窟和榆林窟开凿了许多规模巨大的洞窟。如第98窟是曹议金为其婿于阗国王李圣天所开凿。曹氏家族的曹元深、曹元忠、曹延恭、曹延禄等都修建了大窟。洞窟承袭了晚唐时期出现的佛坛窟，佛坛后部有与窟顶相连的背屏，坛上塑像。大型洞窟前还建有木构殿堂建筑，构成了前殿后窟的格局。这一时期的壁画大体承袭了唐代风格，但内容上较唐代更为丰富。各种经变画、屏风故事画和佛教史迹画在这一时期非常流行。

西夏和元代统治河西近三百年。在敦煌莫高窟修建洞窟约80余个，其中西夏77个，元代10余个。西夏洞窟大多数为改造和修缮前朝洞窟，在洞窟形制上很少有西夏特点，壁画和塑像主要沿袭前期的风格，经变画和供养人的表现手法趋于程式化、简单化，少有重新之作。经变画的种类很少，仅有阿弥陀净土变和药师变等数种。西夏中期出现了回鹘王及其眷属的肖像画，表明有些洞窟的开凿可能与回鹘人有关。西夏后期，藏传密教佛画和题材开始流行。元代洞窟都是新开凿的，洞窟形制有方形覆斗顶窟和中心柱窟，新出现方形窟中设圆形佛坛的形制，佛坛上塑像，四壁满绘密教图像，这是敦煌典型的藏密系统的洞窟。重要的元代洞窟有位于北区的第465窟。这是一座方形覆斗顶的大窟，后室四壁和窟顶满绘藏传密教曼荼罗、各种明王愤怒像以及欢喜金刚像，这种形象被认为是受尼泊尔和印度影响的藏传佛教萨迦派的独特艺术。

2. 安西榆林窟

榆林窟，也称万佛峡，位于瓜州县西南75km踏实河东西两岸的断崖上，属于敦煌莫高窟艺术体系的石窟，这是敦煌石窟的重要组成部分。现存洞窟42个。榆林窟始凿于何时，并无明确的记载，从洞窟的形制看，有可能开凿于北朝时期，现存塑像与壁画则是唐及以后重修。从塑像和壁画看，榆林窟现存洞窟为初唐至元代时期。主要窟形是窟内中心设佛坛的方形或长方形佛坛窟。塔庙窟仅有3座，另外有1座榆林窟规模最大的大佛窟（第6窟），窟内塑倚坐弥勒大佛，高达23m。初盛唐时期的壁画大都在五代宋初时期被覆盖。保存较好的只有吐蕃占领敦煌时期开凿的第25和15窟。其中第25窟最为完整。主室内绘制了大

图23 瓜州榆林窟第25窟观无量寿经变

图24 瓜州榆林窟第2窟西夏水月观音

幅经变画，正壁为八大菩萨曼荼罗和药师立佛，左右壁分别为观无量寿经变和弥勒经变，前壁窟门两侧绘有文殊变和普贤变。窟内壁面下部为供养人行列（图23）。这些经变画构图完整，场面宏大，形象生动，色泽艳丽，与同时期的莫高窟壁画十分相似。在归义军曹氏家族统治瓜沙时期，莫高窟和榆林窟的开凿都达到了鼎盛，在榆林窟曹氏家族开凿的洞窟共达28座。窟内壁画内容十分丰富，有药师变、西方净土变、弥勒经变、维摩诘经变、法华经变、降魔变、地狱变、报恩经变、梵网经变等。甬道两侧绘有曹氏家族供养人行列，形体高大，占据甬道显要位置。西夏和元代时期，榆林窟出现了显密结合的壁画内容。多种形式的曼荼罗以及水月观音（图24）、唐僧取经等都是富有特色的题材。另外还有生活气息浓郁的耕获、嫁娶、宴饮、酿酒、冶炼等场景。

3. 武威天梯山石窟

公元412年，北凉统治者且渠蒙逊统一河西走廊，将都城从张掖迁至姑臧（今甘肃武威市）。且渠蒙逊是一位虔诚的佛教信徒，他邀请名僧，亲自组织译场，翻译佛经。同时，他又广建塔寺，开窟造像，使凉州的佛教发展到了鼎盛时期。

且渠蒙逊开凿的凉州石窟就是现在的天梯山石窟（图25），位于武威城南50km的黄羊川东侧山崖上。20世纪50年代，地方政府在黄羊川修建水库，预计水位达到窟区，故由敦煌文物研究所和甘肃省博物馆对石窟内塑像和壁画进行了搬迁和清理工作，现场只留下唐代摩崖大佛龛[1]。这次搬迁发现了第1、4窟北凉时期菩萨、莲花化生、忍冬纹带等壁画。

1 敦煌研究院、甘肃省博物馆编著：《武威天梯山石窟》，文物出版社，2000。

图25　天梯山石窟远景

图26　天梯山第4窟菩萨像

图27　天梯山第1窟供养菩萨摹本

1 甘肃省文物考古研究所:《河西石窟》,文物出版社,1987。

天梯山北凉时期洞窟有第1、4、16-18窟。第18窟规模最大,居窟群显要位置。这座洞窟是模仿地面寺院建筑开凿的,分前后室,前室十分宽敞,可惜的是,前壁和窟顶在1927年的武威大地震中坍塌。从侧壁保留的遗迹可以看出原来窟顶作人字坡式,前壁地面残留有三个门道,可供出入。后室稍窄些,平面方形,覆斗顶式。后室中部为中心塔柱,塔柱上下三层,每层塔身上大下小,呈倒梯形,这是河西塔庙窟的特点之一。敦煌莫高窟北魏塔庙窟即仿此形制开凿。第1、4窟也是中心柱窟,塔身分二层或三层,每层四面各开一龛。第16窟窟顶及前壁已毁,正壁雕一石胎泥塑立佛像。这种形制的大像窟与新疆古龟兹地区石窟寺的大像窟是不同的。洞窟均经后代多次重修,但从第1、4窟剥出的北凉壁画菩萨、飞天等像十分精彩。如第4窟的胁侍菩萨像有着古代印度人浑圆的脸庞,大眼尖鼻,双唇较厚。菩萨宽肩细腰,胯部扭向左侧,表现出优美的体态。上身袒露,下身着紧身长裙,左手上举,右手下垂持净瓶(图26)。第4窟的北凉供养菩萨、飞天以及第1窟的供养菩萨(图27)亦同样如此。绘画方式采用了龟兹的晕染法。这些菩萨、飞天的形象颇有异域情调,使人深刻感受到来自古代印度和西域佛教文化艺术的身影。

4. 张掖金塔寺石窟

金塔寺石窟位于张掖之南约60km的肃南裕固族自治县境内临松山西面的崇山峻岭中。只有东窟和西窟2个[1],均为平面方形、覆斗顶的塔庙窟,约开凿于5世纪中。洞窟前壁均已坍塌,但窟内保存塑像基本完整,十分难得。东窟规模较大,中心柱三层四面开龛。下层每面正中开一圆拱龛。龛内塑一身结跏坐佛像,龛外两侧除北面为二弟子外,均塑二胁侍菩萨像。中层每面各开三个圆拱形浅龛,龛内塑佛像,有交脚佛、释迦苦修像(图28)等。佛像身后塑半身菩萨像、千佛和飞天等。其中东壁中层一身长发披肩、背身、近似裸体的人物特别醒目,这种表现手法明显传承于古希腊的雕刻艺术(图29)。上层塑出十佛

图28　金塔寺东窟中心柱中层西面释迦苦修像

图29　金塔寺东窟中心柱中层东壁龛

和十一菩萨像。窟内三壁正中各绘一铺一佛二菩萨说法图，周围为千佛像。窟顶绘有成排立佛像，佛像脸部有西域流行的晕染。西窟规模略小，中心柱亦上下层，布局与东窟大体相似。下层每面各开一龛，龛内塑一结跏趺坐佛。中层依壁塑佛像，正壁主尊为明代塑菩萨像，其他三壁分别为交脚佛、半跏思惟菩萨、倚坐佛。这种造像组合形式比较特殊。上层塑小佛像。最引人注目的是，窟顶下缘绘出一排侧身的供养菩萨像，顶部则绘有成排的飞天。飞天为侧身和侧脸，深目高鼻，下巴突出，所表现的明显为西方人的形象，显然受到来自西方人物形象的影响。

5. 张掖文殊山石窟

文殊山石窟位于甘肃省张掖市肃南裕固族自治县祈丰藏族乡。石窟分前山区和后山区两个部分，共有8个塔庙窟及禅窟等早期洞窟（5世纪）[1]。塔庙窟平面均方形，围绕中心柱为券顶式的甬道。中心柱一般为上下二层，个别为单层，每面均开一龛。保存较好的有前山千佛洞，中心柱上下二层，龛内均塑一坐佛，龛外两侧塑胁侍菩萨像。佛像头均毁，身体宽厚，着通肩袈裟，施禅定印。菩萨像上身袒露，下身着裙。窟内右壁保存一幅完整的释迦说法图，释迦头上有伞盖，身后为火焰背光。两侧菩萨身体有明显的扭动，体态优美。说法图旁为世俗供养人（图30）。前壁壁画分成三栏，下栏为忍冬纹带和三角垂饰；中栏一列立佛像，据榜题可知为十方佛。佛像下为身着汉装的世俗供养人行列，上为千佛；上栏为凹凸平台及甬道顶部的飞天。佛、菩萨、飞天的脸部均采用西域流行的晕染法（图31）。后山千佛洞保存大量的壁画，四壁后代重妆，甬道顶部保存原样，为斗四平棊，平棊在甬道转角处绘有二身飞天和对鸟图案。飞天丰乳细腰宽臀，身体健壮，颇有西域情调（图32）。对鸟颈部似扎绶带，双足立于莲叶上。这种图案是西域流行的样式，为研究河西走廊早期石窟的渊源提供了新的资料。禅窟平面纵长方形，券洞式窟顶。窟内后壁开

1 甘肃省文物工作队：《马蹄寺、文殊山、昌马诸石窟调查简报》，《文物》1965年第3期。

图30 文殊山前山千佛洞说法图

图31 文殊山前山千佛洞窟顶飞天

图32 文殊山后山千佛洞窟顶飞天

两个小禅室，左右壁各开四个小禅室。这种三壁附有小禅室的形制源于古代印度的石窟寺，在新疆地区石窟寺中较为多见，但在河西地区，以前仅见于敦煌莫高窟北魏时期的第487和西魏开凿的第285窟，敦煌以东则未有实例。这个禅窟的发现说明：5世纪在河西地区已经出现这种形制的洞窟了。

6. 永靖炳灵寺石窟

炳灵寺石窟位于甘肃省永靖县西南35km的小积石山，这里滔滔黄河由西而来，惊涛拍岸，气势磅礴。沿岸群峰耸峙，陡壁峭立。石窟群就开凿在黄河北岸大寺沟内的西面悬崖峭壁上。共有编号窟龛184个，主要窟龛开凿于西秦至唐代。十六国时期，炳灵寺称为唐述谷寺[1]，到唐代称灵岩寺，宋代始有炳灵寺之称。炳灵寺最重要的是西秦时期开凿的第169窟和第1龛。第169窟为平面略呈不规则椭圆形的天然洞穴，面宽27m，深19m，高14m。窟口距现存地面高30余米。窟内保存着不同时期的造像71尊以及大面积的壁画，造像多为泥塑或石胎泥塑。其中窟内北壁西秦建弘元年（420年）塑造的第6龛最具代表性，龛内为无量寿佛，两侧分别为观世音和得大势至菩萨立像（图33）。其左上侧为十方佛和西秦建弘元年题记。第7龛立佛像面相浑圆，身着通肩袈裟，衣纹单薄贴体，透出健壮的躯体，颇有中印度秣菟罗佛像样式的特点（图34）。造像和壁画题材主要有表现西方净土的西方三圣，表现《法华经》题材的释迦多宝，表现《维摩诘经》中的维摩像及侍者像、《华严经》中的十方佛，另外还有释迦说法、三佛、五佛、七佛、十方佛、弥勒菩萨、"阿育王施土因缘"等题材。窟内北壁近窟口处还有一铺三身塑像比较特殊，主尊释迦坐佛，左侧为手

---

[1] （唐）道世《法苑珠林》卷三十九记载："晋初河州唐述谷寺者，在今河州西北五十里。"

图33　炳灵寺第169窟第6龛西方三圣

图34　炳灵寺第169窟第7龛立佛

持金刚杵的帝释天，右侧为手持拂尘的大梵天。这种造像样式和题材与凉州石窟是有较大差别的。北凉佛教重视禅观，故凉州造像题材主要是表现佛法传承的七佛、释迦佛。因此，炳灵寺石窟西秦塑画题材和样式可能有来自长安。从壁画的技法看，有西域流行的晕染和中原式不晕染两种。这表明炳灵寺石窟在受中原影响的同时，也受到西域文化和绘画的影响。第169窟还保存着大量的供养人像及榜题，如"囗国大禅师昙摩毗之像"（图35）和"比丘道融之像"。昙摩毗即是《高僧传·玄高传》中提到的"时乞伏炽盘跨有陇西，西接凉土，有外国禅僧昙无毗，来入其国，领徒立众，训以禅道"。比丘道融或是参与鸠摩罗什译经的弟子道融法师，是长安佛教复兴的重要人物（《高僧传·道融传》）。

西秦时期塑造的还有第1龛高达4.6m的大型立佛，气势非凡，佛像旋涡纹高肉髻，脸庞丰润，大眼高鼻，身着通肩袈裟，与第169窟西秦立佛一样，细密的衣纹紧裹身体，显露出健硕的肌体。另外值得关注的是第16龛约北魏时期塑造的大型卧佛，身长8.6m，是新疆以东地区北朝时期所仅见，其来源应与涅槃图像十分发达的中亚犍陀罗以及西域龟兹石窟有关。

北魏时期开凿的第126、128和132窟也值得关注。三窟左右毗邻，平面布局相同，大小相当，应是同时期设计开凿的，其中第126窟有北魏宣武帝延昌二年（513年）开窟纪年铭文。洞窟均为方形，近似穹隆的覆斗顶，三壁设坛式，坛上雕像，正壁为释迦多宝佛，左壁为交脚弥勒菩萨，右壁结跏坐佛，构成了三世佛组合。这种以释迦多宝佛为主尊的三世佛，明显沿袭了云冈石窟的做法，表现了《法华经》信仰在当地的广泛流行。北魏窟龛

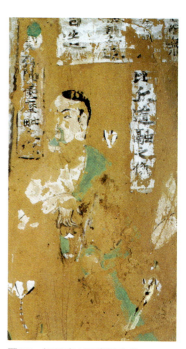

图35　炳灵寺169窟昙摩毗

的造像形象为典型的"秀骨清像"样式。可见流行于中原地区新的造像样式已经影响到了甘肃石窟造像。最引人注目的是第132窟前壁窟门上方雕刻有大型涅槃像及十大弟子举哀图像,这应是第16龛涅槃图像的延续。

7. 天水麦积山石窟

麦积山石窟坐落在甘肃省天水市麦积区东南约30km处,因山崖突兀而起,形似麦垛,所以称之为麦积山。石窟就开凿在朝阳的弧形崖面峭壁上,洞窟间以凌空构筑的栈道相连,层层相叠,气势磅礴。由于历史上秦州地区地震频发,导致石窟所在的崖面中部大面积地崩塌,洞窟毁坏严重。现存洞窟分布于东、西崖面上,共计编号窟龛194个,主要开凿于北朝至隋代,宋代曾进行规模较大的重修和重塑。

图36 麦积山石窟第78窟造像

麦积山周围林木茂密,环境幽雅,自古即为秦州形胜之地。早在5世纪初,就有著名高僧玄高来此修行。《高僧传·玄高传》记载:"(玄)高乃杖策西秦,隐居麦积崖。山学百余人,崇其义训,禀其禅道。时有长安沙门释昙弘,秦地高僧,隐在此山,与高相会,以同业友善。"这是最早关于高僧在麦积山活动的文献记载,故认为十六国时期,麦积山已开始开凿洞窟。

麦积山现存最早的洞窟是居西崖东部显要位置的第74、78窟(图36)。两窟东西相邻,规模、形制和题材完全一致,属于一组双窟。洞窟平面均圆角方形,三壁设坛式,坛上塑像,正壁及左右壁均为一尊结跏坐佛像,为三世佛组合。正壁佛像两侧各塑一胁侍菩萨像。佛像脸庞浑圆,身体浑厚,着袒右式袈裟。菩萨像头束髻,发辫长披于肩,上身斜披络腋,身体健壮。这些特点与云冈石窟昙曜五窟有许多相同之处。第78窟右壁佛坛曾剥离出里层附有题名的供养人壁画,其中二处提到"仇池镇"。北魏太武帝于太平真君四年(443年)灭仇池国,七年(446年)设置仇池镇。因此,这组洞窟应开凿于北魏,与云冈石窟的开凿年代(460年)大体相同或稍后。第169和69龛是一组双龛,与第74、78窟年代大体相同,龛内分别塑交脚弥勒菩萨像和坐佛像以及胁侍二菩萨像,表现释迦与弥勒的组合关系。

麦积山石窟的洞窟形制多样,有方形窟、三壁二龛窟、三壁三龛窟、三壁一龛窟、三壁七龛窟和崖阁式窟等种类。北魏时期主要流行方形窟、三壁二龛和三壁三龛窟。西魏时期主要流行方形窟、横长方形窟、三壁三龛窟和崖阁式窟。这一时期最大的变化是,洞窟内四角立柱,壁顶横枋,四披转角有角梁,构成仿木式佛帐结构。北周、隋时期主要承袭西魏洞窟的形制,新出现了三壁一龛和三壁七龛窟,这两种窟形是为塑造七佛题材而专门设计的。麦积山石窟最富有特色的是崖阁式窟,它完全模仿木构殿堂形式。规模最大的洞窟是第4窟(上七佛阁),为北周大都督李允信所开凿[1],它与第3窟(过廊)、168窟(梯道)为一整体设计的巨大仿木式建筑群。第4窟面宽七间、庑殿顶,前廊开阔,廊内顶部为平棊,绘有故事画。前廊后壁为并排七个方形大龛,龛与龛之间雕刻天龙八部,

---

[1] 傅熹年:《麦积山石窟中所反映出的北朝建筑》,《文物资料丛刊》四,文物出版社,1981。

图37 麦积山第43窟乙弗后"寂陵"

图38 麦积山第44窟正壁佛像

图39 麦积山第121窟螺髻弟子和菩萨

帷帐式龛楣上方为飞天。飞天用塑画相结合的薄肉塑制作，形象生动。每龛内原均塑有一组佛像，现存为宋代所塑。除第 4 窟面宽七间外，其余均为面宽三间庑殿式建筑。其中第 43 窟窟内正壁佛龛后面凿有隐秘的墓穴，与《北史·后妃传上》所记西魏大统六年（540年）皇后乙弗氏被迫自尽后，"凿麦积崖为龛而葬，……后号寂陵"相合[1]，说明该窟具有陵墓性质（图 37）。

麦积山石窟以塑像和壁画为主。由于气候潮湿，保存下来的壁画并不多。塑像则保存较好，数量很多，制作精细，形象生动，被誉为"雕塑艺术的宝库"（图 38）。各个时期的塑像都有不同的时代特征。如早期洞窟塑像多为体格健壮、身材魁伟、庄严肃穆的形象。佛和菩萨像都身着袒右式袈裟或斜披络腋的旧样式，表现了较早的艺术特点。进入北魏晚期，受洛阳雕塑艺术的影响，佛像一般身着褒衣博带式袈裟，身体消瘦；菩萨和弟子像塑造得眉清目秀，栩栩如生，艺术水平之高，令人赞叹（图 39）。尤其是菩萨束世俗妇女的双环髻，着宽博的上襦长裙、力士像身着裲裆甲，为武士打扮。这些人物形象与洛阳永宁寺出土的北魏塑像如出一辙。到了北周隋代，塑像的风格则追求表现人体丰满圆润，世俗装束的造像几乎消失。这种风格与南朝流行的张僧繇的"张家样"塑画风格是一致的，应是受到来自南朝的影响。壁画保存较好的为西魏时期开凿的第 127 和 135 窟，两窟正壁龛上涅槃变、左壁的维摩诘变、右壁的西方净土变、第 127 窟顶本生故事等，壁画场面宏大，构图精细，多是北朝晚期的经典之作。

1 （北周）庾信：《秦州天水郡麦积崖佛龛铭并序》，〔宋〕李昉《文苑英华》卷七八五，中华书局，1987。

1　甘肃省文物考古研究所、麦积山石窟艺术研究所、水帘洞石窟保护研究所：《水帘洞石窟群》，科学出版社，2009。

8. 武山拉梢寺石窟

秦州是长安以西的军事重镇，朝廷往往派重臣驻守。掌握地方军政大权的官吏除了在麦积山开凿洞窟外，还有一处与秦州刺史有关的石窟寺，就是武山拉梢寺。石窟位于甘肃武山县城东北25km榆盘乡钟楼村鲁班峡的崇山中，分为千佛洞、拉梢寺、水帘洞、显圣寺等地点[1]。最引人注目的是拉梢寺巨型浮雕一佛二菩萨像（图40）。功德主为北周实权人物秦州刺史尉迟迥与比丘道藏，雕造于北周明帝三年（559年）。这铺造像雕造在高约60m的陡直崖面上。佛像通高近40m，肉髻低平，面相浑圆，身着通肩大衣，双手施禅定印，结跏趺坐于方形仰莲台座上。莲座上的浮雕颇具特色，共有三层动物图案。下层为一排九身大象，居中大象为正面形象，两侧大象为侧面形象，均面朝外侧。中层为卧鹿，上层为卧狮，亦为九身组合。两侧鹿和狮子与大象相同，均面朝外侧。这种动物的侧身重叠的排列方式及狮子的形象颇有中亚艺术的特征。佛像两侧的菩萨略低于佛像，双手持一莲花，侧身朝向释迦佛。北侧菩萨身旁所刻造像题记："维大周明皇帝三年岁次己卯二月十四日，使持节柱国陇右大都督秦、渭、河、鄯、凉、甘、瓜、成、武、岷、洮、邓、文、康十四州诸军事秦州刺史开国公尉迟迥与比丘释道藏于渭州仙崖敬造释迦牟尼像一区，愿天下和平、四海安乐。众生与天地长久，周祚与日月俱永。"看来是尉迟迥祈愿国泰民安而雕造的。

图40　武山拉梢寺释迦大佛二菩萨像

9. 固原须弥山石窟

须弥山石窟位于宁夏固原市西北 55km 的须弥山东麓，今天看来地理位置较为偏僻，但在古代，石窟前的古道却是丝绸之路东段北道原州（今固原市）到河西走廊的交通干道。原州是丝绸之路东段北道的军事和文化重镇，由长安至河西走廊，其北道沿泾河西北行，经邠州、泾州、平凉至原州，再由原州经会州抵达河西走廊的凉州。故原州地理位置十分重要，有"中华襟带"之称。西魏政权的实际缔造者宇文泰即从原州起兵，入主长安。因此，西魏北周时期，朝廷常常委派心腹重臣镇守原州。须弥山大型洞窟的开凿，应与这些地方官有关。须弥山现存洞窟 151 个，分布在大佛楼、子孙宫、圆光寺、相国寺、桃花洞、松树洼、三个窑和黑石沟八个区域。开凿年代从北魏、西魏、北周延续到隋唐时期[1]。

北魏和西魏洞窟主要集中在子孙宫区。洞窟数量少，规模小，保存状况差。有塔庙窟和修禅、居住皆用的僧禅窟。塔庙窟为多层塔式，与云冈石窟较为接近，应是受东部石窟的影响。僧禅窟结构比较特殊，如第 23 窟主室两侧附有二僧房。窟顶中心部位隆起成穹隆式。这种形制不见于中原北方地区石窟寺，但在新疆地区石窟寺中却颇为常见，很可能与来自西域而定居在原州的商胡有关。

北周是须弥山石窟开凿的高潮。洞窟主要分布在圆光寺和相国寺（图41）区，以大型的塔庙窟为主。保存较好的有第 45、46、51 窟。第 45 和 46 窟二窟比邻，形制结构一致，

图41　须弥山相国寺

---

[1] 宁夏回族自治区文物管理委员会、中央美术学院美术史系：《须弥山石窟》，文物出版社，1988；宁夏回族自治区文物管理委员会、北京大学考古系编著：《须弥山石窟内容总录》，文物出版社，1997。

图42　须弥山第51窟后壁三大佛

平面方形，覆斗顶，均雕有仿木佛帐结构。中心柱单层四壁各开一龛，中心柱基座前雕刻神王、伎乐或供养人。神王题材在中原东部地区北朝石窟寺中是非常流行的，由此看出，须弥山北周洞窟受东部地区石窟寺的影响较大。第51窟是一座特大型的塔庙窟，由前后室和南北两耳室构成。主室平面方形，覆斗顶。中心柱单层，四面各开一龛。但这个大型洞窟并没有完工，只完成了中心柱龛像和西壁（正壁）三尊高达6.2m的大佛及南壁西侧一佛二菩萨像（图42）。其他为隋代续凿的龛像。从布局看，原洞窟设计雕刻的主尊题材为七佛。这些大型洞窟的开凿可能与北周重臣、原州李贤、李穆兄弟有一定关系。值得注意的是：除第51窟外，第47、48、37窟也未能如期完工。这样多的大型洞窟，其工程突然中止，很可能与周武帝灭法事件有关。

　　北周时期造像时代特点显著，是这一时期杰出的艺术作品。如第51窟佛像脸庞方圆，双肩宽平，身体短而粗壮。身着通肩袈裟或双领下垂式袈裟。菩萨像头部略大，上身长，下身短。这些造像的特点与长安地区出土的同时期造像一致，表明须弥山北周洞窟主要受到了来自长安佛教艺术的影响。

　　唐代是须弥山石窟开凿的繁荣期。洞窟数量多达61个。洞窟以方形覆斗顶的佛殿窟为

图43 须弥山弥勒大佛

主，窟内四壁一般设坛基，坛上雕成铺造像。大佛窟和塔庙窟较少，但规模很大。如大佛楼第5窟为敞口大像龛式，龛内雕高达20.6m的倚坐弥勒大佛，开凿于唐高宗晚期和武周初期。这是现存年代较早的倚坐弥勒大像（图43）。桃花洞第105窟为特大型塔庙窟，约开凿于中宗和玄宗时期。洞窟有前后室，前室近方形，露顶，两侧壁均凿有龛像。主室方形平顶，中心柱单层四面开龛，龛内主尊分别为倚坐弥勒佛，半跏坐观世音菩萨，坐佛和僧人装束的半跏坐地藏菩萨。唐代洞窟的造像题材一般以三世佛为主，造像组合多一佛二弟子二菩萨二天王二力士像，有的还增加了二狮子。约在玄宗时期出现了密宗题材，如多臂观音、地藏菩萨等。

10. 庆阳南北石窟寺

泾州（今甘肃泾川县）位居长安与原州之间，是丝绸之路东段北道的重镇。来自于洛阳的北魏奚康生在泾州刺史任上时相继开凿了南北石窟寺。另外泾川王母宫石窟规模宏大，也应与泾州最高长官有关。这些大型洞窟都受到了来自北魏都城地区石窟的影响。

北石窟寺（图44）位于庆阳市西峰镇西南25km蒲河和茹河交汇处的东岸覆钟山，共有编号窟龛295个，从北魏一直延续到盛唐[1]。南石窟寺位于泾川县东7.5km，泾河左岸的崖面上，共有编号洞窟5个[2]。北魏永平二年（509年）和永平三年（510年）奚康生相继开凿了北石窟寺第165窟和南石窟寺第1窟。第165窟平面为横长方形，覆斗顶，面宽

---

[1] 甘肃省文物工作队、庆阳北石窟寺文管所：《庆阳北石窟寺》，文物出版社，1985。

[2] 甘肃省博物馆：《甘肃泾川南石窟寺调查报告》，《考古》1983年第10期。

图44　庆阳北石窟寺外景

图45　庆阳北石窟寺第165窟

21.7m，进深15.7m，高14m。窟门上方有大明窗，窟门外雕二天王像。窟内左右后三壁设低坛基，坛上雕像。正壁雕三尊立佛、四尊胁侍菩萨像，左右壁各二尊立佛、三尊胁侍菩萨像，组成七佛题材。前壁两侧各雕一尊倚坐或交脚弥勒菩萨。靠近窟门处分别雕刻阿修罗像和骑象菩萨像。壁面上部雕刻场面宏大的佛传和本生故事（图45）。第1窟的形制、

图46　泾川南石窟寺

题材布局、造像形象与第165窟完全相同，只是规模略小些，面宽18m，进深13.2m，高11m。窟内也雕刻七佛二交脚弥勒。窟顶雕刻多个情节的佛传故事画（图46）。这两个洞窟是陇东地区北魏石窟的代表作。从造像样式看，佛像衣纹简洁疏朗，与陇东地区流行的衣纹稠密的风格不同，可以看出奚康生带来了洛阳北魏造像的新样式。

此外，北石窟寺北1号窟也别具特色，洞窟为平面方形塔庙窟。窟内正壁（西壁）雕刻几乎与窟等高的一立佛二菩萨像。南北壁分上下两层开龛。龛内雕坐佛或释迦多宝。窟内中心柱分上下两层。下层平面方形，上层为八角形，每面均开一龛，龛内雕一佛二菩萨。这种上下层不同的中心塔柱形制与泾川王母宫石窟相似。

王母宫石窟位于泾川县城西郊汭河和泾河交汇处的宫山脚下，与南石窟寺仅相隔8km[1]。王母宫石窟仅为一座大型的塔庙窟。洞窟平面方形，前壁已崩塌，面宽12.6m，残深8m，高11m。窟内三壁布局相同，分上下开龛，下层三龛，上层五龛。中心柱分上下两层开龛。下层平面方形，上端四转角处均雕刻一大象。柱体四面开龛，除南面龛雕释迦多宝外，余均雕一佛二菩萨。龛外两侧均浅浮雕佛传故事。上层平面为八角形，底面（即下层顶面）四角各雕一多层方塔，为下层大象所驮。柱体八面均开一龛，龛内雕一佛二菩萨。佛像均面相浑圆，下颌丰满，身体健壮，身着褒衣博带式袈裟。整个洞窟的结构形式和佛像的样式与云冈第6窟塔庙窟惊人的相似。因此，可以说王母宫石窟直接仿自云冈第6窟，是"云冈模式"向西影响和传播的最佳例证，它的开凿年代应当在北魏迁都洛阳前后。

[1] 甘肃省博物馆：《甘肃泾川王母宫石窟调查报告》，《考古》1984年第10期。

四、中原地区佛教遗迹

中原地区不仅是中国封建王朝政治、经济和佛教文化的中心，也是对外进行物质文化交流的中心。作为丝绸之路的起始点——王朝都城往往成为佛教及其艺术最初的传入地，并由此发扬光大。东汉明帝在洛阳城西门外建立精舍，安置白马驮经来到洛阳的天竺僧人摄摩腾、竺法兰，这就是中国历史上第一所寺院——洛阳白马寺。《魏书·释老志》记载："自洛中构白马寺，盛饰佛图，画迹甚妙，为四方式。凡宫塔制度，犹依天竺旧状而重构之，从一级至三、五、七、九。世人相承，谓之'浮图'，或云'佛图'。"由此可知，洛阳白马寺成为四方模仿的样式。统治集团往往利用全国的经济财力、最优秀的工匠，在都城内外修营佛寺，如著名的洛阳永宁寺，同时在都城附近进行石窟寺的开凿活动，因而以都城为中心，由皇家经营开凿的大同云冈石窟、洛阳龙门石窟、邯郸响堂山石窟和太原天龙山石窟为主流，吸收和融合中西文化的精髓，不断创造出新型的石窟造像模式。这些主流石窟不仅洞窟数量多、规模大，而且题材丰富、雕刻精美，往往引导着石窟寺开凿的潮流，成为中国佛教艺术的精华所在。

1. 大同云冈石窟

公元439年，北魏灭北凉，统一中原北方地区。凉州佛教遂输入魏都平城（今山西大同市）。凉州佛教盛行禅法，又有开窟造像的传统，这为平城石窟寺的开凿创造了条件。北魏文成帝和平初年（460年）复法以后，由皇室和凉州禅僧主持在平城西武州山开凿了云冈石窟，开创了中原地区雕凿石窟的先例。云冈石窟是融汇西方佛教艺术和中原传统艺术而创造出来的，是北朝石窟寺的杰出典范，对中原北方地区石窟开凿产生了很大影响，故学术界称之为"云冈模式"[1]。

云冈最早的洞窟是第16～20窟，由凉州禅僧沙门统昙曜为北魏皇帝开凿，故称为"昙曜五窟"。洞窟东西毗邻，规模宏大，平面马蹄形，穹隆式窟顶。这种形制与龟兹式的大像窟不同，更像古代游牧民族常用的穹庐形式。窟内雕刻三世佛，正壁主尊均为高达15～17m余的巨形佛像（图47），两侧为形体略小的佛像。第18窟菩萨像上方还雕刻形态各异的高浮雕弟子群像，有的弟子深目高鼻，为欧罗巴人的形象，采用块状雕刻来表现脸部肌肉表情的手法，与古印度不同，而与古希腊、罗马一致，怀疑有西方人参与石窟开凿（图48）。造像的形象特点突出，佛和菩萨广额方颐，神情庄重，身体魁伟，表现了北魏拓跋鲜卑民族果敢彪悍的形象。佛身着通肩袈裟或袒右式袈裟。菩萨斜披络腋，下着长裙。这种造型与服饰明显受到西方造像样式的影响，如第20窟主尊佛像衣纹分叉和厚重的服饰明显具有犍陀罗造像风格的特点；第18窟主尊衣纹单薄贴体的服饰接近于印度笈多时期秣陀

---

[1] 宿白：《平城实力的集聚和"云冈模式"的形成与发展》，《中国石窟·云冈石窟一》，文物出版社，1991。

图47　云冈石窟第20窟佛像

图48　云冈石窟第18窟弟子像

罗造像样式。同时也受到十六国时期造像样式的影响，如袒右式袈裟在右肩处覆于偏衫，在左臂处留出了宽大的衣边。这种着衣方式与北凉和西秦佛像一致。更重要的是，这组洞窟是昙曜为太祖道武帝以下五帝所造，五尊主佛是"令如帝身"的模拟像，反映了北魏皇帝即是"当今如来"的特殊历史背景。

继"昙曜五窟"之后开凿的有第7、8窟，第9、10窟，第5、6窟，第1、2窟和第11～13窟。这些洞窟的开凿约在北魏迁都洛阳前的孝文帝时期，主要有大像窟、塔庙窟、方形和横长方形窟。流行成组的双窟和模拟汉式传统建筑样式的洞窟，不过刻成双兽形的斗栱仍然可以看到西方样式的影响。双窟制的出现与朝野权贵多并称冯太后和孝文帝为"二圣"的历史背景有关。这一时期洞窟雕刻富丽堂皇，雕像琳琅满目，技艺精湛。洞窟壁面流行分层分段附有榜题的汉式做法，壁面上部一般雕有成排的天宫伎乐，下部有供养人礼佛行列。中部除龛像外还雕刻连环画式的本生和佛传故事。主尊题材流行三世佛、成组合的释迦和交脚弥勒菩萨、释迦多宝、维摩文殊（图49）。还有交脚佛、倚坐佛、半跏思惟菩萨、护法神像、坐禅僧等。各种造像雕刻精细，形象生动，技艺高超。如第7、8窟门两侧三头八臂坐青牛的摩醯首罗天和骑孔雀五头六臂的鸠摩罗天，童子面容，手托日月，形象生动可爱（图50）。窟顶的伎乐飞天，体态浑厚，姿态各异，环绕着中心莲花，作凌空翱翔状。第9、10窟前廊壁顶手持各种乐器的天宫伎乐，窟门上蛟龙盘绕的须弥山（图51），明窗两侧的鹿头梵志、婆薮仙人、骑象菩萨等，都刻画得十分传神。佛和菩萨像的样式面相浑圆，身体

图49　云冈石窟第6窟明窗上方维摩文殊

图50　云冈石窟第8窟鸠摩罗天

图51　云冈石窟第9窟前室后壁须弥山

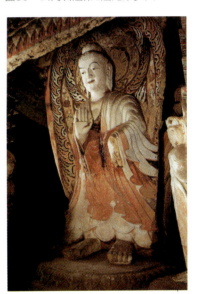

图52　云冈石窟第6窟立佛

健壮。佛像仍然流行西方样式的袒右式袈裟和通肩袈裟。到这一阶段的后期，如云冈第5、6窟，佛像出现了褒衣博带式袈裟的新型样式（图52）。这种服饰是汉族士大夫的常服，反映了北魏孝文帝模拟南朝制度，推行汉化政策，进行服制改革的历史事实。迁都洛阳后（494年），云冈石窟的褒衣博带式、"秀骨清像"样式表现得更为典型，成为各地效仿的模板。

2. 洛阳龙门石窟

公元494年，北魏孝文帝迁都洛阳。随着政治中心的南移，佛教中心也由平城转移到洛阳。北魏皇室和臣僚竞相在洛阳城郭大造佛寺，在龙门石窟和巩县进行大规模石窟寺开凿活动。《魏书·释老志》记载："景明初（500年），世宗诏大长秋卿白整准代京灵岩寺石窟，于洛南伊阙山，为高祖、文昭皇太后营石窟二所。……永平中（508-511年），中尹刘腾奏为世宗复造石窟一，凡为三所。"这就是龙门宾阳三洞（图53）。

龙门北魏洞窟是在承袭云冈石窟特点的基础上形成和发展起来的。如果说，云冈石窟还较多地保留了西方因素，那么，到了洛阳时期则完成了佛教造像艺术的中国化进程。这一演变历程，是以龙门、巩县石窟为标志的。

古阳洞是龙门开凿最早、内容最丰富的大窟。太和十七年（495年）以后，一批随孝文帝迁都洛阳的王公贵族和高僧，陆续在此修整洞窟，发愿造像。窟内后部雕一佛二胁侍菩萨像（图54），这铺造像可能是为孝文帝雕造的。窟内左右壁上下各有三层大龛，每层各四龛，窟顶和四壁雕满各式各样的小龛。宾阳三洞是龙门最典型的魏窟，为宣武帝"准代京灵岩寺石窟"，即仿云冈石窟模式而开凿的。其中南洞和北洞因统治集团内部的政治斗争而未能完工。宾阳中洞窟门上雕双龙交缠呈圆拱门梁，门外两侧屋形龛内各雕一力士像。门甬道两侧浮雕大梵天和帝释天。窟内主尊造像为三世佛，前壁自上而下雕刻文殊菩萨与维摩诘居士对坐说法图、萨埵太子本生、大型帝后礼佛图及十神王（图55）。另一典型洞窟是北魏孝昌三年（527年）胡太后之舅皇甫度开凿的皇甫公窟。窟内正壁龛内雕一佛二弟子二菩萨二思惟菩萨。南壁龛雕弥勒菩萨，北壁雕释迦多宝佛。龛下均有精美的礼佛图。

图53　龙门宾阳三洞

丝绸之路与佛教艺术　041

图54　龙门古阳洞主尊佛和二菩萨像

图55　龙门宾阳中洞正壁

图56 龙门宾阳南洞正壁造像

窟顶有大莲花，八身伎乐天手持各种乐器，作凌空飞舞状，姿态十分优美[1]。

龙门北魏洞窟主尊造像主要流行释迦牟尼和表现在兜率天宫决疑的交脚弥勒菩萨，还有表现佛法传承的三世佛题材和表现《法华经》题材的释迦多宝二佛并坐说法。除主尊造像外，壁面还雕刻大量连环画式的佛传、本生和因缘故事等浮雕以及大量的供养人和大型帝后礼佛图。尤其是维摩诘居士和文殊菩萨问答的题材很多，一般在龛外两侧上方比较显要的位置。这些题材与当时流行《法华经》《弥勒上生经》和《维摩诘经》等佛典以及帝王臣僚热烈崇佛的历史背景有密切关系。佛、菩萨、弟子、飞天和力士的造型，前后有明显的变化，迁洛前后开凿的古阳洞部分龛像中佛像和菩萨肩宽体壮，佛身着袒右式袈裟，菩萨斜披络腋，这些都保留了云冈早期造型和服饰旧样式，宣武帝景明（500年）以后旧样式消失，出现面容清瘦，身姿纤细，重在表现人物神与骨的"秀骨清像"形象，成为北魏流行的新样式。佛像身穿汉族士大夫的褒衣博带式大衣，衣褶层叠，披覆于佛座前。菩萨身披宽博的披巾，于腹部交叉和交叉穿环。这种样式来源于南朝造型艺术，同时也符合中原汉民族的审美情趣，是拓跋鲜卑汉化政策进一步推行的具体表现。

唐代皇室在龙门开窟造像始于宾阳南洞，唐太宗第四子魏王李泰为生母长孙皇后做功德，在窟内正壁雕造了一佛二弟子二菩萨五身大像，贞观十五年（641年）完工。这组造

[1] 龙门文物保管所、北京大学考古系编：《中国石窟·龙门石窟一》，文物出版社，1991。

1　河南省文物研究所编《中国石窟·巩县石窟寺》，文物出版社，1989。
2　参见贾峨、张建中编《石刻录》72，刊于河南省文物研究所编《中国石窟·巩县石窟寺》，文物出版社，1989。

像上承北朝晚期造像艺术的风韵，具有典型的初唐时期质朴敦厚的艺术风格（图56）。唐高宗主持修造奉先寺"大卢舍那像龛"，该龛辟山而造，平面呈倒凹字形。龛前三壁设坛基，坛上正壁雕高达17.14m的大卢舍那佛，两侧依次雕二弟子二菩萨二神王二力士像，造像的高度亦在10m以上。整组群雕布局严谨，主次分明，气势磅礴，是龙门石窟的象征。

唐代造像内容丰富，除了北朝已有的释迦佛和三佛组合外，反映各佛教宗派的题材明显增多，如许多洞窟以净土宗供奉的西方阿弥陀佛为主尊，净土堂前庭左壁甚至出现《观无量寿佛经》中"九品往生"经变画，单身观世音菩萨龛也较多见，而且出现成组合的观世音菩萨和地藏菩萨，观音、地藏作为阿弥陀佛的胁侍出现。还出现了与华严宗有关的奉先寺卢舍那佛，与密宗有关的万佛沟的千手千眼观音以及四臂、八臂观音像等，与禅宗有关的大万五千佛洞和看经寺29身传法祖师像。另外，在擂鼓洞还有菩提瑞像（即释迦成道像）。这些题材与唐代佛教宗派确立并在洛阳地区广泛流行的历史背景有关。

3. 巩县石窟寺

巩县石窟寺位于河南巩义市东北9km芒山东端的大力山南麓，洛河北岸，西距洛阳旧城52km。巩县石窟共有5个大窟，3尊摩崖造像[1]。根据现存唐龙朔二年（662年）《后魏孝文帝古希玄寺之碑》记载："昔魏孝文帝发迹金山，途遥玉塞……电转伊涯，云飞巩洛，爰止斯地，创建伽蓝。"[2]可知寺院为北魏孝文帝所建。这样洞窟的开凿有可能与北魏皇室有关。

巩县石窟第1、2、3、4窟为塔庙窟，表现了供养、礼拜佛塔的佛教仪式和理念，这为龙门石窟所不见。其中第1窟规模最大，窟外崖面以窟门及上方明窗为中心，左右两侧各凿一力士像龛，西龛力士龛上尚保留有菩萨、弟子大型群雕，可能表现礼佛的场面。整个崖面上方雕出一条忍冬纹带，其上雕刻一排飞天。虽然崖面大部分已经剥落，但仍然可以想象当年那气势恢宏的场面，这是龙门石窟外崖面所未见的。洞窟平面方形，平棊顶，窟内中心柱四面各开一帐形龛，东面为作坐姿的弥勒菩萨，其余三龛均为结跏趺坐佛（图57），中心柱基座上刻成排神王像（图58）。左右后三壁各开四龛，龛内主尊有释迦多宝、坐佛像、弥勒菩萨、维摩文殊对坐像。龛下为成排的伎乐和异形神兽。前壁窟门两侧为上下三排帝后礼佛图，这暗示着开凿洞窟的功德主或为北魏帝后（图59）。平棊窟顶雕刻莲花化生和莲花忍冬纹装饰纹样，十分精彩（图60）。第3窟、第4窟形制相同，均方形平棊顶，中心柱基座雕神王像。柱身单层或上下二层，四面开龛，主尊有释迦、弥勒菩萨和释迦多宝。左右后三壁中央各开一小龛，壁脚也雕伎乐和异形神兽。前壁与第1窟相同，为上下三排帝后礼佛图。第5窟为三壁三龛窟，窟门外两侧雕刻二力士像，窟内东壁为弥勒菩萨，南壁和西壁坐佛，组成三世佛。前壁雕二立佛。

巩县石窟的造像明显出现两种不同的风格，一种类似于龙门石窟北魏造像"秀骨清像"

图57　巩县第1窟中心柱正壁佛像

图58　巩县第1窟神王造像

图59　巩县第1窟前壁帝后礼佛图

图60　巩县第4窟窟顶雕刻

样式，另一种则是面相方圆、体态浑厚的新样式，后者明显可以看到南朝张僧繇"张得其肉"塑画风格的影响，为北齐人物丰满样式的确立开了先河。

4. 洛阳永宁寺遗址

永宁寺是北魏洛阳著名的皇家大寺，为孝明帝熙平元年（516年）胡太后"亲率百僚，表基立刹"（《魏书·释老志》）所建。永熙三年（534年）毁于大火。据《洛阳伽蓝记》《续高僧传·菩提流支传》记载：永宁寺有举高九十丈的九层楼阁式佛塔，其北有形如太极殿的大佛殿，周围环绕僧房千余间。建筑之宏伟，工艺之精巧，冠绝于世。

1979年中国社会科学院考古研究所对永宁寺塔基进行了考古发掘（图61）[1]。结果表明：

[1] 中国社会科学院考古研究所：《洛阳永宁寺》，科学出版社，1996。

图61 洛阳永宁寺塔基遗址

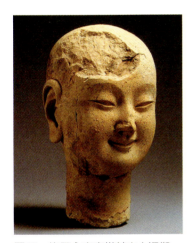

图62 洛阳永宁寺塔基出土泥塑头像

图63 洛阳永宁寺塔基出土泥塑头像

寺院南向，平面呈长方形，南北约305m，东西215m。南东西每面各一门址。寺院中心略靠南处为塔基遗址，平面呈正方形，分上下两层。下层为基座，南北宽约98m，东西广约101m。四面正中各一踏道，可登基座。基座为边长38.2m的方形夯土台基，青石包边。台基之上有分五圈排列的124根方形柱础。外数第一圈内为塔之回廊，第二圈为实心方柱体，柱体东西南三面壁上各保存了5个佛龛。北壁有木柱残迹，似为登塔之梯道。第三圈内应是木塔内匝礼拜回廊。第四圈内有土坯所砌的方形实体。有可能是木塔内中心柱的遗迹。第五圈内为柱内的中心部分，有一1.7m见方的深坑，或是竖立刹座的部分，也可能是瘗埋舍利函之处。

塔内遗址中出土了佛像、菩萨、弟子和世俗供养人等泥塑（图62、图63）。造型精致，形态秀丽，较同时期石窟造像更为精美。特别是菩萨像束世俗妇女的双环髻，表现了佛教造像世俗化的倾向。

殿堂和僧房遗址未进行发掘，形制并不清楚。但参考文献，永宁寺的总体布局是前塔后殿、以塔为主的规制。这与北魏太和年间的寺院只有佛塔的早期寺院布局，已有了明显的变化。如果说早期寺院布局单纯地模仿印度塔院的格局，那么，永宁寺则将印度塔院和僧院巧妙地组合在一起，构成了新的寺院形制，这对东亚地区佛寺建置有较大影响。

5. 邯郸响堂山石窟

公元534年，东魏迁都邺城（今河北临漳县）以后，伴随着洛阳佛教的输入，统治集团的竭力推崇，邺城地区塔寺林立，高僧云集，成为北朝晚期北中国佛教最为发达的中心区域。响堂山石窟正是在这种氛围下开凿的，虽然它在开凿理念上与洛阳石窟一脉相承，但东魏、北齐统治者对北魏汉化政策持全面否定态度，倡导胡化，因而在石窟造像艺术上呈现出完全不同于洛阳的风貌。

响堂山石窟分北响堂、南响堂、水浴寺石窟三处。北响堂位于鼓山西坡山腰间，有北洞、中洞、南洞3座大窟，为高氏皇室所开凿，雕刻精美，气势宏伟，充分宣示了皇家造像的非凡气度，是北朝晚期石窟造像精粹所在[1]。南响堂居鼓山南麓，主要编号洞窟7个。根据第2窟门外两侧龛内新发现的《滏山石窟之碑》记载：南响堂由北齐天统元年（565年）灵化寺僧慧义兴凿，丞相高阿那肱资助修成，完工年代不晚于周武帝灭齐之年（577年）[2]。水浴寺石窟在鼓山东麓，与北响堂隔山相峙，只有西窟1个洞窟，为高僧和佛教信徒开凿[3]。

洞窟形制主要有塔庙窟、方形三壁三龛和方形窟。窟前一般雕出仿木建筑的前廊，在窟檐之上雕巨大的覆钵，使外观构成了一个塔的形式。这种仅见于邺城地区的汉式建筑与印度式覆钵结合形制，表现了邺城在吸收印度元素的基础上有了新的创造。塔庙窟中以北响堂北洞规模最大、开凿年代最早。洞窟面宽11.9m，进深12m，高11.5m。窟外北壁正中雕一丰碑。窟内中心柱后部上方与后壁相连，构成隧道式礼拜道。这种形制的礼拜道与龟兹石窟中心柱窟较为相似，或许有来自西域石窟的影响。中心柱正左右三壁各开一龛，龛内主尊分别为释迦佛、倚坐弥勒佛（图64）和半跏坐弥勒佛（图65）。尤其是正壁龛内释迦坐佛，其背光上雕刻了九条龙，可以视作帝王的象征。窟内周壁雕16个塔形龛，内置一佛，表现了《法华经·化城喻品》中十六佛的组合。窟内前壁浅刻大型世俗男女礼佛图。相传北洞为高欢墓洞。《资治通鉴》卷一百六十记载："太清元年（547年）正月丙午，东魏渤海献武王（高）欢卒。……八月甲申，虚葬齐献武于漳水之西；潜凿成安鼓山石窟佛寺之旁为穴，纳其柩而塞之，杀其群匠。"北洞中心柱南壁顶西起第3龛内确实凿有前宽稍窄的墓穴，封门石表面雕刻佛像背光，原安置佛像，做法十分隐秘，故高欢墓洞之说并非虚妄[4]（图66）。

响堂山的造像题材主要有三佛和释迦佛（图67），除传统的三世佛组合外，三佛的组合出现新的变化，如北洞为一释迦二弥勒佛的组合，南响堂第4、6窟以阿弥陀佛为主尊的三佛组合。特别是南响堂第1、2窟前壁的浮雕西方净土变，画面以阿弥陀佛说法为中心，观世音和大势至菩萨像分坐左右，两侧各有一楼建筑，画面下部为花池，池内有莲花化生、游泳者和各种形态的禽鸟，池边有人在悠闲地搓背，有人在嬉戏玩耍。第5窟还有邺城地区十分少见的涅槃变图像，以释迦卧像为中心，两侧及身后为众人举哀场面，雕刻也十分精细。最重要的佛经作为一种特殊题材进入洞窟，是响堂山石窟一大特色，如北响堂南洞内的《无量义经》，南响堂第1、2窟的《华严经》《文殊般若经》、第4窟的《法华经·观世音菩萨普门品》等，这些刻经与窟内造像有一定的关系。北响

1　水野清一、长广敏雄：《响堂山石窟》，东方文化学院京都研究所，1937。

2　邯郸市峰峰矿区文管所、北京大学考古实习队：《南响堂石窟新发现窟檐遗迹及龛像》，《文物》1992年第5期。

3　邯郸市文物保管所：《邯郸鼓山水浴寺石窟调查报告》，《文物》1987年第4期。

4　参见李崇峰：《关于鼓山石窟中的高欢枢穴》，载李崇峰《佛教考古——从印度到中国》，上海古籍出版社，2013，第357-364页。

图64 北响堂北洞倚坐佛（破坏前）

图65 北响堂北洞半跏坐佛（破坏前）

图66 北响堂北洞菩萨像

图67 北响堂南洞西壁（破坏前）

堂南洞还有唐邕刻经，唐邕刻经是为防备末法时代的到来而刊刻的，这对北京房山云居寺隋代刊经产生巨大影响。

　　响堂山石窟在雕刻技法和人物造型上与北魏晚期有明显的不同，即改变了前期秀骨清像的样式，而侧重于表现人物丰腴健壮的体态。如佛像体态丰满，身躯宽厚；菩萨像肌体圆润，有的身姿扭曲，表现出很高的雕刻艺术水平。这种形象的出现既

图68　南响堂第7窟窟顶飞天 　　　　　　　　　　　　　　　图69　南响堂第2窟中心柱正壁龛（破坏前）

受到南朝萧梁张僧繇画派的影响，也与印度秣陀罗样式再次传入有关。响堂山石窟另一大改变表现在佛像服饰上，完全摒弃了北魏晚期褒衣博带汉式，流行西方样式的通肩袈裟和袒右式袈裟，秣陀罗造像螺发样式也开始流行。如果说，北魏晚期佛教艺术是全面汉化的具体表现，那么，响堂山石窟则表现了西胡化的倾向，为唐代佛教造像艺术奠定了基础（图68、图69）。

6. 太原天龙山石窟

晋阳（今山西太原）是北齐皇家的发迹地，高欢在晋阳设立大丞相府，坐镇太原，遥控朝政，实际上太原成为当时的政治中心，终北齐之世，亦皆如此。天龙山石窟的开凿和蒙山大佛的雕造都与高氏皇室有关。

天龙山石窟（图70）位于晋阳古城西部（太原市西南36km）的群山之中，这里沟壑幽深，松柏苍翠，环境幽雅。石窟即开凿在东峰和西峰陡峭的南坡山腰间，共有洞窟25个，开凿于东魏至隋唐[1]。20世纪20年代，天龙山石窟遭受了空前的浩劫，所有洞窟的头像几乎被盗割一空，有的造像甚至全身被盗运到国外。

东魏时期的第2、3窟是一组双窟，均为平面方形、三壁三龛式。龛内雕一佛二菩萨像，龛外雕刻浅浮雕，题材有维摩文殊问答、树下思惟菩萨、迦叶、阿难二弟子、束髻供养人和世俗供养人像，窟顶四披原雕刻有栩栩如生的供养飞天。造像均为"秀骨清像"的清秀飘逸风格，注重表现造像的精神面貌，强调衣纹动感和韵律感，应是洛阳北魏晚期样式的延续（图71）。这组双窟很可能是高欢为其父母做功德、祈福田而开凿的。

北齐洞窟有第1、10、16窟，均为方形、三壁三龛式。窟前雕凿了仿木建筑式的前廊。

1　李裕群、李钢：《天龙山石窟》，科学出版社，2003。

图70　天龙山西峰窟群

图71　天龙山第3窟北壁龛（破坏前）

图72　天龙山第16窟北壁

图73　天龙山第17窟东壁

三壁龛内各雕一佛二弟子二菩萨五身像。这样窟内供奉的主像都是三佛。窟门内外两侧一般雕刻一对金刚力士和天王像（图72）。北齐造像与东魏造像的艺术风格完全不同。它追求表现人体健壮肌肉结构的写实手法，使造像的立体感更强了。这种艺术风格当是受邺城石窟造像影响产生的。

唐代洞窟窟内一般雕三世佛，造像组合一般为一佛二弟子二菩萨像，或一佛四菩萨像。第9窟是规模最大的摩崖龛像，分上下二层。上层倚坐弥勒佛高达7.5m；下层为十一面观音立像，左右为文殊和普贤菩萨骑狮、象。唐代造像雕刻水平很高，表现手法细腻，具有很高的艺术欣赏价值。佛像多水波或旋涡纹发髻，面相浑圆，宽肩细腰，胸部及肢体丰满健美。菩萨像富有活力，头束高发髻，眉眼细长，宽肩窄臀，身段具有"S"形的曲线美（图73）。这种样式具有秣陀罗造像特点，应是东传长安后影响到唐代北都太原的，嗣后又影响到朝鲜半岛，如韩国庆州石窟庵佛像具有与天龙山唐代佛像一致的特征，可以说明这一点（图74）。

图74 天龙山第8窟前廊

1 李裕群：《晋阳西山大佛和童子寺大佛的初步考察》，《文物季刊》1998年第1期；李裕群、常一民、李爱国：《山西太原蒙山开化寺佛阁遗址》，载国家文物局主编《2016中国重要考古发现》，文物出版社，2017，第128-132页。

7. 太原蒙山大佛

《北史》卷八《齐本纪》记载：北齐后主"凿晋阳西山为大佛像，一夜燃油万盆，光照宫内"。五代后晋开运二年(945年)《重修蒙山开化庄严阁记》记载："北齐文宣帝天保末年凿石通蹊，依山刻像。"这座庄严的蒙山大佛位于太原市西南15km的蒙山之阳，北齐文宣帝天保末年（559年）始凿，后主天统五年（569年）完工[1]。大佛位居蒙山近山顶处南面峭壁上，属于摩崖敞口露顶式大龛。平面略呈半椭圆形，面宽29.60m、进深17m。大佛通高38m。头部早年已失，2007年新补佛头。颈较粗短，双肩宽平，肥胖厚胸，腹部微鼓，身体颇显雄壮。因风化剥蚀，服饰衣纹已不可辨。现胸部尚存数排小方孔，系晚唐重妆大佛时所留遗迹。大佛双手施禅定印，结跏趺坐于束腰仰覆莲座上。莲座为石条砌筑，宝装覆莲部分保存稍好，每个莲瓣高宽0.47m，如此大型覆莲十分罕见。束腰处则有一排11个佛龛（图75）。

佛阁依大佛龛建造，规模宏大，大佛龛前面宽五间，进深4间。两侧依山势各建面宽2间或3间，进深4间或5间的建筑，阁前有石砌台明和东西阶。佛阁遗址可分为早晚二期，保存均完整。早期为佛阁创建遗迹，包括阁内三排大型柱础，阁东西两侧台阶和东西内侧阁墙，地面为石条铺设，根据东西阁墙的位置，怀疑早期佛阁可能为面宽9间的特大型建筑。晚期为唐晚期重建遗迹，包括中央三间檐柱间的

图75　太原蒙山大佛

三对门砧石、石砌台明和东西阶、阁内铺地方砖、东西外侧阁墙。最重要的遗物有"乾宁丙辰（896年）造阁，晋王（李克用）修此功德"带兽面瓦当的刻铭筒瓦，明确了李克用重建佛阁的年代。

蒙山大佛及佛阁是中国北朝体量最大的摩崖大佛和佛阁，其如此完整的遗迹和宏伟的规模实属罕见，这为研究大佛的雕造和早期佛阁形制提供了重要实物资料。

8. 彬县大佛寺

邠州（今陕西彬县）是长安西出的第一站。大佛寺，位于彬县城西10km泾河南岸的清凉山上[1]。唐代称应福寺，是唐太宗武德元年（618年）平薛举时所置。完工于唐贞观二年（628年）的大佛洞是寺院的主体。窟内正壁前雕高20m余的无量寿佛，左右壁雕高17m余的二胁侍菩萨像。主佛身体表面虽经重妆，但基本上体现了原有造像的特点：佛像的肉髻较高，身躯丰壮、胸腹平坦、身着褒衣博带式大衣，衣纹的写实感不强（图76）。观世音和大势至菩萨头戴化佛冠或宝瓶冠，身体丰满，呈"S"形扭动，身上没有璎珞等华丽的装饰，而追求简洁明快，表现出与隋代造像不同的风格。这种菩萨身材更像印度秣陀罗艺术风格（图77）。

大佛寺是长安附近规模最大的石窟寺，大佛窟的功德主可能是唐太宗。其造像样式应代表了长安佛教造像流行的风尚。

1　常青：《彬县大佛寺造像艺术》，现代出版社，1998。

图76 彬县大佛寺大佛

图77 彬县大佛寺大佛左侧菩萨

9. 西安大雁塔与小雁塔

长安，一座统一王朝繁荣的都城。大唐帝国曾在这里以海纳百川的宽广胸怀，吸收和容纳来自世界各大文明的精华，创造出灿烂的文化，同时也向世界传播和展现优秀的中华文明。

长安佛教兴盛，塔寺遍于京师。初唐以来，印度佛教文化和艺术一再东传，深深地影响着长安佛寺的布局和塑画艺术，由此奠定了作为东方佛教艺术中心的地位。唐代韦述的《两京新记》、段成式的《寺塔记》、张彦远的《历代名画记》都记录了长安佛寺的面貌，展现了寺院的繁荣。斗转星移，唐长安城内的晨钟暮鼓早已销声匿迹，仅仅留下了大雁塔和小雁塔，仿佛在诉说着昔日的辉煌。

大雁塔，又名慈恩寺塔，位于唐长安城晋昌坊（今西安市南）大慈恩寺内[1]。慈恩寺为唐贞观二十二年（648年），太子李治为追念其生母长孙皇后氏，祈求冥福，报答慈母恩德，奏请太宗所敕建，故赐名"慈恩寺"。寺建成之初，迎请高僧玄奘担任上座法师，此寺遂成中国大乘佛教的圣地。唐永徽三年（652年），玄奘法师为安置从西域带回长安的佛像、舍利和经卷，以免"经本散失，兼防火难"，拟在慈恩寺端门外造高三十丈的石塔，附表上奏，唐高宗以工程浩大难以成就，不愿法师辛劳为由，恩准在寺之西院建砖塔。塔由玄奘法师亲自主持修建，"其塔基面各一百四十尺。仿西域制度，不循此旧式也。塔有五级，

---

[1] 重光：《慈恩寺大雁塔》，《文物》1958年第8期；大雁塔文管所《大雁塔》，《文物》1978年第1期。

并相轮露盘。凡高一百八十尺。层层中心皆有舍利。"（《大慈恩寺三藏法师传》卷7）可知慈恩寺塔最初模仿了印度佛塔形制。以后经过多次重修改建，佛塔早已非玄奘所建的形制了，特别是明万历三十二年（1604年）重修时，将唐代塔体包砌在里面，改变了唐塔的整体外貌，这就是今天所见的大雁塔。不过塔院旁置的寺院格局仍然可以看到印度佛寺规制的身影。现存大雁塔为平面方形七层楼阁式砖塔，由塔基、塔身和塔刹三部分组成。通高64.517m，塔身底层边长25.5m。塔身每层四面均有券门。底层南门洞两侧嵌置碑石，西边为唐太宗《大唐三藏圣教序》碑，东边为唐高宗李治《大唐三藏圣教序记》碑。

与融入汉文化元素的大雁塔相比，小雁塔则展现了印度佛塔的风貌。小雁塔位于西安市南门外荐福寺内。不过唐代塔院在安仁坊，与位于开化坊的荐福寺门隔街相望。荐福寺为唐中宗所建（《宋高僧传·道岸传》），神龙二年（706年）在大荐福寺置翻经院，义净在此翻译佛经（《宋高僧传·义净传》）。唐景龙年间（707-710年）始建小雁塔。

小雁塔是一座典型的密檐式砖塔，平面方形，原有15层，明嘉靖三十四年（1556年），华县大地震时塔顶两层被震毁，现存13层，高43.395m，底边长11.38m。小雁塔方形基座，下有地宫。基座之上为塔身，塔身底层较高，南北两面各开有一券门。青石门框上为唐代精美的线刻供养天人等。塔身每层叠涩出檐，南壁面各辟一门，二层以上高度和宽度层层递减，使塔的轮廓呈现为秀美的抛物线。塔身中空，设有木构式楼层，有木梯盘旋而上可达塔顶。

小雁塔密檐式的形制，源于古代印度[1]，在中国最早见于河南登封嵩岳寺塔，但仅是北朝孤例。初唐时期密檐式塔出现在长安，与唐代印度高僧东来和中土僧侣西行求法增多不无关系，可能是他们携带了这种塔的图样粉本。初唐以后，受长安影响，密檐式塔便风靡全国。

10. 五台山佛光寺

五台山，也称清凉山。因《华严经·菩萨所处品》所述文殊菩萨居清凉山，便加以附会[2]，这样五台山成了文殊菩萨宣法的道场，高僧大德仰慕的圣地，而名扬海内外，不少著名高僧不远千里，慕名而来，礼谒文殊菩萨，如玄奘弟子窥基、罽宾佛陀波利、新罗高僧无漏、日本求学僧圆仁等。唐代高宗、武则天也频频下敕，修理五台山佛寺，武则天甚至想将御容像送之五台山以供奉文殊菩萨。除帝王高僧崇拜五台山文殊菩萨外，各地传摹五台山图蔚然成风，两京及并州都有画师专从此业，故使五台山图能远传敦煌、朝鲜和日本。敦煌第61窟通贯后壁的五台山图是莫高窟最大的一幅壁画，画有从河北道镇州经五台山至太原数百里的山川形势、城池、寺院、桥梁、亭阁和人物活动的场面，所列诸寺中就有"大佛光之寺"，可见佛光寺在唐代即是一处著名的大寺。

佛光寺位于五台县城东北32km处的佛光山山腰。寺院始建于北魏孝文帝时期（471-499年）。唐代法兴禅师曾在寺内建高九十五尺的弥勒大阁（《宋高僧传·法兴传》）。唐武宗会昌五年（845年）灭佛，寺院被毁。唐大中十一年（857年）京师长安女弟子宁公遇和高僧愿诚主持重修佛殿，即今东大殿。1937年，著名建筑学家梁思成和夫人林徽因在调

---

[1] 孙机：《关于中国早期高层建筑佛塔造型的渊源问题》，《中国历史博物馆馆刊》1984年总第6期。

[2] 唐道宣《续高僧传》卷20《释昙韵传》记昙韵："闻五台山者，即华严经清凉山也，世传文殊师利长所住处，古来诸僧多入祈请。"

查五台县时，发现了佛光寺唐代建筑遗存[1]，这一惊人的发现改变了中国已无唐代木构建筑的传统观点。

佛光山因山势而建，高低错落，坐东朝西。寺院主殿东大殿面宽七间，进深四间，庑殿顶。除了元代补休殿顶、添配瓦顶脊兽外，完整地保留了唐代建筑的原貌。殿内宽五间的佛坛上唐塑释迦、弥勒、阿弥陀三佛以及普贤菩萨、文殊菩萨及胁侍菩萨、金刚力士等塑像三十三尊。另有建殿施主宁公遇、主持者愿诚和尚各一尊。殿内的墙壁上还残留唐代壁画。殿内梁下功德主题名："佛殿主上都送供女弟子宁公遇""敕河东节度观察处置等使检校工部尚书兼御史大夫郑"等。大殿前唐大中十一年佛顶尊胜陀罗尼经幢，经文末尾刻有"女弟子佛殿主宁公遇"之名。佛光寺东大殿南侧偏东，有一座北朝六角形的砖塔，即祖师塔。

佛光寺东大殿是现存唐代最大的木结构建筑，可以代表长安佛殿建筑的风范，加上五台山的特殊地位，其影响不可小视。

五、南方地区佛教遗迹

六朝时期，都城建康（今江苏南京市）是江南繁华都市，也是南方的佛教中心，梵刹林立，中外高僧云集。建康与西方的交往分为海路和陆路。由于地缘的关系，海路似乎更加繁盛，东晋法显就是由海路返回的，带回了经卷和佛教图像。文献还记载了许多来自印度和扶南国（今柬埔寨，包括越南南部）高僧送佛像事。南朝佛教还通过海路，对朝鲜半岛和日本产生了较大影响。陆路则溯江而上，经由益州（今四川成都市）向西通往西域（这一段被称之为"河南道"），西往东来的僧侣亦大多是经由此道[2]。南朝佛教重义理，尚清谈，讲经论学成为时尚。故江南以兴建规模宏伟的寺塔为主。《南史·郭祖深传》记载：都下"佛寺五百余所，穷极宏丽"。岁月变迁，繁华落尽，昔日辉煌的都城和佛寺早已淹没在历史的长河里，唯一留存的佛教遗迹只有南京栖霞山石窟了。

1. 南京栖霞山石窟

栖霞山石窟在南京城东北约22km，栖霞山中峰西麓有六朝名寺栖霞寺，寺东南角有五代舍利塔（图78～图81）。千佛岩即以舍利塔以东为起点，经无量殿（三圣殿）（图82）向东一直到千佛岭。南朝龛像主要集中开凿于无量殿及周围崖面上[3]。开凿年代约在南齐永明二年（484年）至建武四年（497年）间。

南朝龛像以无量殿所在大像龛（第19窟）为中心展开。第19窟为横椭圆形，敞口式，

1　梁思成：《记五台山佛光寺的建筑》，《文物参考资料》1953年第5—6期。
2　参见唐长孺：《北凉承平七年（449年）写经题记与西域通往江南的道路》，载《向达先生纪念论文集》，新疆人民出版社，1986，第104—117页。
3　参见魏正瑾、白宁：《南京栖霞山南朝石窟考古概要》，载《石窟寺研究》第二辑，文物出版社，2011，第191—203页。

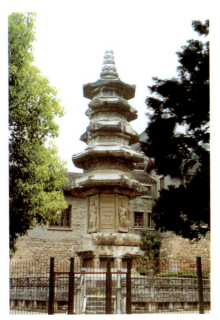
图78 栖霞山舍利塔

图79 栖霞山舍利塔雕刻

图80 栖霞山舍利塔雕刻

图81 栖霞山舍利塔塔基

龛内正壁设坛，坛上雕高约9.3m的无量寿佛坐像，佛面相近方圆，眼睛细长，身着双领下垂袈裟，裙摆覆于坛前，双手施禅定印，结跏趺坐式（图83）。两侧壁分别雕观世音和大势至菩萨，表现了南朝西方净土信仰的流行。无量殿左右两侧还有6个较大的窟，属于南齐晚期雕刻。窟内主尊有释迦、弥勒、三佛等。值得注意的是，南齐正处于佛教造像中国化转变期，比如佛像所着宽博的袈裟，具有汉文化的特色，这种

图82　栖霞山无量殿及左侧诸窟

图83　栖霞山第19窟无量寿佛

图84　栖霞山第18窟

服饰样式为龙门、巩县石窟北魏佛像所承袭。而另一种通肩袈裟虽然是印度传统的服饰，但右肩有偏衫，裙摆披覆于须弥座上，这与印度佛像有明显差别，说明南朝艺术家对外来的艺术进行了变通（图84、图85）。

2. 杭州西湖摩崖石刻

杭州为五代吴越国和南宋的都城，是江南地区对外交往的中心。从吴越国开始一直延续到元代，围绕着西湖周围雕凿了许多摩崖龛像，主要地点有凤凰山慈云岭、天龙寺、南高峰、烟霞洞、飞来峰、紫阳山宝成寺等[1]。

吴越国时期摩崖龛像主要有凤凰山西部的慈云岭、天龙寺（图86）、飞来峰等处，都与皇室有关，反映了吴越国奉佛教为国教，热衷于修寺造像活动的史实。如慈云岭西乾德三年（965年）吴越国王钱弘俶所造二龛，分别雕无量寿佛和倚坐弥勒佛。这一时期，西方净土信仰十分浓厚，如凤凰山南麓的圣果寺有规模最大的西方三圣像，阿弥陀佛高达6.2m，观世音、大势至菩萨像高达5.1m。其次为倚坐弥勒佛和三世佛，还有十六罗汉像和密宗题材的地藏菩萨像。天王像为武士装束，身着甲胄，右手持长柄钺。西湖地区五代摩崖造像的题材和样式都与唐代相似，是中原地区唐代造像在江南地区的延续和发展。但也有一些地方特色，如菩萨下裙在膝部束起的样式在中原地区很罕见，手持长柄钺的天王像也为中原地区石窟造像所无。

图85　栖霞山第24窟

吴越国灭亡后的两宋时期，雕造活动仍经久不衰。但造像中心转移到了飞来峰，另外有将台山石龙院和南观音洞、烟霞洞、宝石山大佛寺、凤凰山圣果寺等。两宋时期造像题材远比吴越国时期丰富。阿弥陀佛西方三圣仍是流行的主要题材，单身观世音菩萨像明显增多，反映了观世音菩萨的信仰十分流行。罗汉群像是这一时期造像的特色，如飞来峰冷泉溪南岸的悬崖上有南宋时期雕刻的中国化的大肚弥勒和十八罗汉像，这是年代较早的

[1] 浙江省文物考古研究所：《西湖石窟》，浙江人民出版社，1986；杭州市历史博物馆、杭州市文物保护管理所、杭州市文物考古所：《飞来峰造像》，文物出版社，2006；谢继胜、熊文彬、廖旸、R. Linrothe、叶少勇：《江南藏传佛教艺术——杭州飞来峰石刻造像研究》，中国藏学出版社，2014。

图86 杭州西湖天龙寺摩崖石刻

图87 杭州西湖飞来峰摩崖大肚弥勒佛

大肚弥勒佛（图87），飞来峰玉乳洞有北宋天圣四年（1026年）雕刻的禅宗六祖师像，反映了江南禅宗势力影响很大。特别有意思的是，飞来峰龙泓洞中北壁的白马驮经、西行求法高僧像浮雕别具特色，表现了东汉永平年间两位印度高僧摄摩腾、竺法兰白马驮经来到洛阳、三国曹魏时中国第一位西行者朱士行和唐玄奘取经的故事（图88）。这是国内最早反映唐僧取经的浮雕，表现了宋代仰慕传法和求法的高僧。

至元十三年（1276年）二月元军攻入南宋首都临安，次年二月"诏以僧亢吉祥、怜真加加瓦并为江南总摄，掌释教"[1]，藏传佛教正式输入江南。元代龛像的雕造主要是在江南释教总统杨琏真加的主持下开凿的，元朝与藏传佛教萨迦派渊源深厚，江南总摄释教的主

1 《元史》卷六《世祖纪》。

图88　杭州西湖飞来峰摩崖高僧取经图

图89　杭州西湖飞来峰摩崖多闻天王

要僧人多属帝师一系的萨迦派。因此，西湖周围的元代造像及题材都明显具有萨迦派形象的特点。元代摩崖龛像主要集中在飞来峰，如元至元二十九年（1292年），杨琏真加在飞来峰呼猿洞雕造了无量寿佛、文殊菩萨和救度佛母三身像和阿弥陀佛、观世音、大势至菩萨像。在飞来峰冷泉溪南岸多闻天王像（图89）、杨琏真加像龛，龛内杨琏真加为藏僧形象，头戴藏式尖帽，身披袒右袈裟，半跏坐式，两侧各有一高僧手捧经盒[1]。紫阳山宝成寺东龛雕刻藏密所奉的麻曷葛剌佛，即大黑天。西龛菩萨和佛母的题材较多。两宋时期流行的罗汉像已经不见，这与中国化的禅宗受到压制有关。造像特点大多为"西天梵相"式，这种造像样式是尼泊尔著名工匠阿尼哥在萨迦派造像的基础上融入了尼泊尔造像风格而形成的。

六、古代印度、中亚及其他国家佛教遗迹

古代印度是佛教的发源地，存留下众多的佛教遗迹，不仅有佛寺遗址，还有大量的石窟寺遗存，大家耳熟能详的桑奇大塔、阿旃陀石窟、那烂陀佛寺以及西北印度（今巴基斯坦）的塔赫特巴希佛寺遗址、中亚阿富汗巴米扬石窟等，便是其中的杰出代表。公元4世纪以后，

1　洪惠镇：《杭州飞来峰杨琏真伽龛及其他》，《文物》1989年第3期；洪惠镇：《杭州飞来峰"梵式"造像初探》，《文物》1986年第1期。

佛教从中国传入朝鲜半岛和日本列岛，著名的佛寺有韩国的佛国寺和日本的法隆寺。

1. 印度桑奇大塔

桑奇（Sāñchī）大塔位于印度中央邦首府博帕尔附近的桑奇村，相传为公元前 3 世纪阿育王建造，是印度最古老的佛塔之一。桑奇现佛塔有 3 座，分别为 1、2、3 号[1]。

桑奇 1 号大塔规模最大，为半球形覆钵丘建筑，直径约为 36.6m，高约 16.5m。原塔砖筑，直径仅为现存塔的一半。根据南门旁竖立的阿育王石柱，柱顶为四只背相靠的狮子驮着法轮，推测原塔建于阿育王时期。巽伽王朝时在原塔外包砌石块，塔台基上和塔周围各建一圈栏楯，塔顶上增修了一方形平头，其上竖立轮杆和相轮。外圈栏楯有四个方向各有一座塔门，南塔门所刻施主题名中有沙多婆诃那王朝第三代国王的工匠头领之子阿难陀题名，故塔门建于公元 1 世纪初的沙多婆诃那王朝时期。塔门高约 10m，由两根方立柱和上下三道横梁组成，立柱和横梁均有浮雕，包括象征着佛陀存在的佛塔、菩提树、法轮等佛传故事题材，还有守护神和丰富的装饰纹样。横梁之间立有支撑横梁的小型短柱和圆雕狮、象。下横梁与立柱交接的三角区为裸体女神像。女神双手攀树枝，纵身向外，身姿呈"S"形优美的曲线，显得婀娜多姿，这是古代印度表现女性最杰出的代表作品。

2、3 号大塔分别位于 1 号大塔西面和北面，塔的大小基本相同，直径 14.3m。塔的形制同 1 号塔，有覆钵丘和栏楯，栏楯四面有塔门。其中 2 号覆钵丘内发掘出舍利函，有阿育王时期十位高僧题名。现存塔丘建于巽伽王朝。3 号塔覆钵丘也发现了舍利函，栏楯和塔门也有佛教故事题材和装饰纹样。

桑奇大塔是古代印度佛塔最原始的形制，也是古代印度早期佛塔建筑的典型代表，对后世影响很大，在巴基斯坦塔克西拉和新疆古代米兰佛寺中还可见到这种圆形覆钵式塔。到了中土以后，随着楼阁式的流行，覆钵和相轮只是作为塔刹来表现，响堂山石窟塔式建筑就是很好的例子。

2. 印度阿旃陀石窟

阿旃陀（Ajantā）（图 90）位于印度马哈拉施特拉邦孟买东北 388km 处，为德干高原西北部的丘陵地带。洞窟开凿在瓦沟拉河河湾旁的悬崖峭壁上，共有 30 个[2]。开凿年代分为早晚两个时期。早期洞窟包括第 9、10 窟两座塔庙窟和第 12、13 窟两座僧房窟，开凿于公元前 2 世纪中以后[3]。其他洞窟均开凿于公元 4-7 世纪。

第 10 窟为敞口，平面呈倒"U"字形，围绕着"U"的平面雕刻出成排的八角形列柱，将主室分隔成中央大厅和两侧廊，窟顶纵券式。佛塔设置在窟内后部半圆形的中央，这样扩大了佛塔前的空间，便于僧俗信徒礼拜供养。窟内保存部分壁画，虽然画面斑驳残损，但仍然可以看出场面宏大的六牙象本生和佛传等故事画，是印度石窟寺保存最早的壁画，十分珍贵。第 9 窟与第 10 窟主室构造基本相同，但洞窟的外观雕刻出了窟门和明窗。窟外立面分成上下两层，下层依壁雕立柱，中间和两侧各开一门。上层则雕刻大型的圆拱尖楣

---

[1] John Marshall and Alfred Foucher, "The Monuments of Sāñchī", Calcutta: Manager of Publiction/Archaeological Survey of India (London:Probsthain 1940).
[2] 高田修：《アジャンタ石窟寺院と壁画》，日本平凡社，1971。
[3] 李崇峰：《中印佛教石窟寺比较研究——以塔庙窟为中心》，台北觉风佛教艺术文化基金会，2003。

图90 印度阿旃陀石窟群

的明窗。

晚期塔庙窟只有第19窟和第26窟，其余均为僧房窟。塔庙窟雕刻华丽，各种佛龛造像分布于洞窟内外。以第19窟为例，其外立面分上下二层，下层依壁雕一排列柱，构成面宽五间的仿木式建筑。明间开窟门，门两侧各雕一立佛，前设门庭，上承露台。两次间则雕一覆钵塔，塔内雕有立佛。上层中央宽大的明窗两侧各雕一菩萨装护法像。窟内列柱柱头托架上有一圈大型佛龛，龛内雕坐佛，或菩萨立像。与早期塔庙窟不同的是，后部佛塔基座较高，正面雕一大龛，龛内雕一立佛，这样以前礼拜佛塔的观念转变为礼拜佛像和佛塔了。除了佛龛外，洞窟内外，包括石柱上皆雕刻人物浮雕、花草纹样等图案，尤其是石柱上的飞天、采花女子像及蛇王像等，造像生动，技艺精湛。第26窟是一座大型洞窟，主室构造与第19窟相同。窟内后部设覆钵塔，龛内雕倚坐佛，塔基部分也有雕像。特别是右侧壁还有大型浮雕降魔变和涅槃变，人物众多，形象生动。

早期僧房窟结构简单，如第12窟平面方形，有正壁和左右壁四个居室。晚期僧房窟规模一般都比较大，平面方形，雕刻立柱的仿木结构式前廊。前廊的后壁大多开三个门道，通往主室。主室内设有一圈列柱,这样将主室分隔成中央大厅和四周的回廊,窟内左右后三壁开凿成排的小居室。与早期僧房窟相比,晚期僧房窟最显著的变化是,在中厅的后壁开凿一座佛堂,佛堂内雕造佛像。这样,僧房窟的功能不仅仅限于生活起居和修行之用,而且也兼有了礼拜的功能。这种功能上的变化,不仅使得僧房窟的雕造更加华丽精细,装饰繁缛复杂,而且各种佛教的雕刻和壁画题材布满了洞窟内外,以便佛教信徒瞻仰和礼拜。如公元7世纪阿旃陀第1窟,为前廊后室的布局,前廊立柱上的托架均有佛陀说法、降魔等场面。托架之上的横枋及出檐也雕刻有佛传和本生故事(图91)。主室正壁中央开一佛堂,佛堂分为前后室。前室入口处雕造四根石柱,后室正壁雕释迦坐佛,手施转法轮印,佛座正面雕刻法轮、双鹿和供养伎乐。佛像两侧有二胁侍菩萨像,菩萨之上还有二身姿态优美的飞天,表明了洞窟供奉的主尊为释迦初转法轮图像(图92)。其他一些洞窟佛堂的主尊为倚坐佛和释迦为主尊的三世佛,如第16窟主尊为倚坐佛,坐在带靠背的方座上,靠背上雕刻有六擎具,这与中国唐代流行的倚坐弥勒佛的靠背一致。另外第2窟佛堂还雕刻有大型的鬼子母因缘故事,鬼子母夫妇均半跏坐,两侧为袒露身体的女侍者,身后上方为鬼子母失子后求助于佛陀的场面,十分生动。

晚期石窟寺的人物雕刻丰满健壮。佛像多为螺发,肉髻较小,卵形脸,下唇较厚,具有古代印度人的特征。佛像身着薄纱透体的袈裟,显露出健硕的身躯。头微微侧向一边,提胯扭腰,表现出身体的动态。这种造型与袈裟样式明显地继承了秣陀罗萨尔纳特造像的特点。菩萨像戴高花蔓冠和华丽的项圈,上身袒露,身上斜披一道璎珞,下身着短裙。女

图91 印度阿旃陀第1窟本生故事

图92 印度阿旃陀第1窟莲花手观音

性的雕像表现得十分精彩，如第 17 窟窟口右上方的夜叉女，为裸体形象，双乳鼓起，细腰宽臀，身姿扭成"S"形，身挂"X"璎珞，双足踩摩羯鱼，左手扶在鱼尾上。这种雕像充分体现了女性柔美的身段，具有较高艺术水平。

除了丰富的雕刻题材外，僧房窟和塔庙窟还保存了许多精美的壁画。僧房窟的前廊、中厅、佛堂均绘有壁画，构图宏大，色彩艳丽。一般前廊后壁和列柱绘佛、菩萨等像，中厅四壁主要绘佛传和本生故事，窟顶则绘复杂的藻井图案。最著名的是第 1 窟后壁左侧的莲花手观音像，头戴华丽的宝冠，长发披肩，眉目清秀，神情刻画细腻，上身袒露，侧首扭胯，表现出优美的"S"形曲线。窟内还有尸毗王本生、降魔成道、舍卫城神变，也十分精彩。壁画保存较好的还有第 17 窟，前廊正壁和中厅四壁均绘有佛传和本生故事，如兜率天宫说法、佛从三道宝阶降下、降服醉象等。本生的题材更为丰富，有须达拏本生、六牙象本生、尸毗王本生等。约开凿于 5 世纪后期的第 16 窟，绘有从释迦诞生、出家、修行、成道的长幅系列佛传故事画。这些壁画虽然都是佛教内容，但反映了古代印度宫廷生活与社会生活的方方面面，是十分珍贵的图像资料。

3. 印度那烂陀寺遗址

那烂陀（Nalanda）佛寺位于印度比哈尔邦巴特那（Patna）的巴尔贡（Bargaon）村附近。约创建于公元 5 世纪以后，毁于 12 世纪。

那烂陀寺是古代印度最著名的大寺，也是佛学研究中心和培养佛教徒的重要场所。唐玄奘、义净等都曾在此求学。义净《南海寄归内法传》卷 4 记载："那烂陀寺，人众殷繁，僧徒数出三千。……寺有八院，房有三百，但可随时当处，自为礼诵。"义净《大唐西域求法高僧传》卷上还记载："此寺西面大院之外，方列大窣覩波及诸制底，数乃盈百。"慧立、彦悰《大慈恩寺三藏法师传》卷 3 记载："又以砖垒其外，合为一寺，都建一门。庭序别开，中分八院。……诸院僧室皆四重。……印度伽蓝数乃千万，壮丽崇高，此为其极，僧徒主客常有万人。"可见规模之大。

1861 年，英国考古学家亚历山大·康宁汉曾在此发掘，发现了"室利那烂陀摩诃毗诃罗僧伽之印"，确认该佛寺遗址为那烂陀寺。1915-1937 年间，印度考古工作者发掘了那烂陀寺遗址[1]。考古资料表明：寺院东部为僧院区，共有 10 座。其中 8 座大型僧院（第 1、第 4-10 号）按南北方向一字排列，每个院落单独构成一个单元。平面均方形，大门朝西。僧院中心为庭院，有的中央庭院设佛殿，有的紧靠东墙设佛殿，有的院内有石桌、水井和厨房等。僧房环院墙四壁而设，南北面 9 个，东西面约 8 个。僧房门均朝中央庭院。第 1 号僧院之西南还有 2 个院门朝北的僧院（1A、1B），规模略小：1A 僧院每边 7 僧房，1B 僧院每边 5 僧房。寺院西部为大型塔院群，是僧徒礼拜的场所。从南到北分别有第 3、第 11-13 号塔院遗址，可能修造年代有早有晚，但古代印度常见的塔院与僧院分置的情况是一致的，这种寺院布局对唐代长安出现多院式佛寺形制应有较大的影响。

[1] A. Ghosh, *Nalanda, 6th Ed*, the Director General, Archaeological Survey of India, Delhi (1986).

1　A. Cunningham, *Archaeological Survey of India: Report for the Year 1872–73* (1875), volume V: 23–36, pls. vi–x; D. B. Spooner, "Excavations at Takht-i-Bāhī", *Archaeological Survey of India: Annual Report 1907-08* (1911); H. Hargreaves, "Excavations at Takht-i-Bāhī", *Archaeological Survey of India: Annual Report 1910-11* (1914).

2　A. Godard, *Les antiquités bouddhiques de Bāmiyān*, Paris, 1928；樋口隆康：《バーミヤーン(Bāmiyān)：アフガニスタンにおける仏教石窟寺院の美術考古学的調査1970-1978年》4册，1983-1984。

4. 巴基斯坦塔赫特巴希佛寺遗址

塔赫特巴希（Takht-i-Bāhī）遗址位于巴基斯坦西北边境省马尔丹市北约13km处，属于犍陀罗中心区。建筑遗迹保存在当地一座凸起山脉的北坡顶上，沿山顶东西绵延1.5km，最重要者是山脊北部的寺院遗迹。19世纪后期至20世纪初，西方学者曾作过多次发掘[1]。根据发掘的成果，寺院遗迹南北向，主要包括塔院、僧院、中庭、说戒堂或讲堂以及其他附属设施等。

中庭位于塔院与僧院之间，东西长35.36m，南北宽15.24m。中庭的北、东、南三面建置佛龛，共29座。佛龛皆为独立式建筑，敞口，面向中庭，佛龛原塑灰泥佛像。中庭内密布小型还愿塔。中庭还出土了极为丰富的石雕和泥塑，通常表现佛陀，有时也用大幅构图刻画佛传。

中庭向南进入塔院。塔院为长方形，进深17.22m，面阔13.87m。中央有一方形塔基，边长6.25m，残高2.6m。现存三层，塔基顶部原有右绕佛塔之礼拜道，北面中央置踏道，正对塔院入口。塔院三面置佛龛，原来每面各五座。

中庭向北，通往僧院。僧院平面方形，边长18.9m，共有15座僧房置于南、西、北三面。僧院东南部有一水池，其水源为僧房顶上的排水。僧院东侧有厨房。西侧为一座较大的露天方院，边长15.24m，可能是说戒堂。

塔赫特巴希遗址中的寺院遗迹，揭示了犍陀罗地面寺院的布局特点，即塔院、僧院、中庭及布萨处系一座大型僧伽蓝的基本组合。其中，塔院和僧院是最重要的组成部分。

5. 阿富汗巴米扬石窟

巴米扬石窟位于喀布尔西北约230km的兴都库什山中的一块小盆地。巴米扬河由西向东流过，古代道路在河的北岸，连接着兴都库什山脉的南北交通。这里曾经是古代印度与中亚、西亚之间的交通要道，商旅外来十分频繁。以东西大佛为标志的巴米扬石窟就开凿在河北岸贺贾加尔山的悬崖峭壁上，东西绵延1.5km，现存大小洞窟约有750个[2]。

巴米扬石窟约为公元3-7世纪开凿。8世纪初随着当地的伊斯兰化，巴米扬石窟遭到了极大破坏，9世纪佛寺废弃。由于人为和自然的破坏，洞窟内塑像已经不存。唯有东西两尊大立佛，可以感受到昔日的盛况，不幸的是作为世界文化遗产的巴米扬大佛，在2001年被炸毁。

巴米扬石窟的洞窟构造，与印度石窟有着明显的差别，主要有大像龛、佛殿窟、僧房窟，而不见塔庙窟。大像窟位于石窟群的东西部，窟平面呈方形，敞口，券顶。外立面呈三叶形，窟内各雕造一尊巨大的释迦立佛，其中西大佛高55m，东大佛高38m。二尊大佛身着通肩袈裟，薄衣贴体，衣纹细密，犹如曹衣出水，显露出雄浑的躯体，颇有印度笈多时期秣陀罗造像的特点。大佛双足叉立，足后部凿通，这样可以绕佛足礼拜。唐贞观三年（629年）玄奘西行求法时，曾经瞻礼过这二尊大佛，在东西大佛间还有大伽蓝，传为"此国先王之所造也"（《大唐西域记》卷一"梵衍那国"条）。据此推测，大佛可能为国王之父所开凿，完成年代大概在 6-7 世纪。雕造大佛的做法并不见于印度石窟寺，其来源可能与素有雕造大像传统的古龟兹有关。

巴米扬佛殿窟的形制多样，有正方形、长方形、八角形及圆形等，窟顶有穹隆顶、套斗顶和券顶多种形式。八角形平面的洞窟并不见于印度和中国的石窟寺，具有一定的地域特色。穹隆式和套斗式的窟顶，可能与萨珊波斯建筑有着密切的关系。但在葱岭以东的龟兹石窟也十分流行。尤其是套斗顶的做法在中国内地早在汉代就已经流行，因此，巴米扬的洞窟形制也应该有东方的影响。

巴米扬石窟大像窟和佛殿窟等 50 余个洞窟保留了部分壁画，主要见于窟顶和周壁，绘有佛、菩萨、供养人、日神、月神、飞天、涅槃变等图像。在装饰纹样中流行的环形联珠纹，联珠内有对鸟、孔雀、猪头等图案，具有典型的萨珊波斯王朝艺术的特点。其中东大佛的顶部残留的壁画特别引人注目。该窟券顶中脊绘有大幅的太阳神驾战车图像。太阳神披披风，着长袍，右手持长矛，左手握佩剑，威武地站在战车中央，身后为绘有芒刺的太阳。战车有双轮，车前有四匹有翼天马系驾。战车上还站着三身形体较小的武士像。券顶的东西两侧壁还残留有王后礼佛图，均以戴冠的说法坐佛为中心，旁有高僧、国王、王后等人物。国王和王后均头戴有日月的萨珊波斯王冠，表现了壁画受到萨珊波斯的很大影响。西大佛窟顶中脊绘多尊菩萨像，两侧绘千佛，还有飞天和王后礼拜图。

巴米扬石窟具有一定的地方特色，同时雕像和壁画受到来自印度笈多艺术和西亚萨珊波斯艺术的影响，特别是与西域龟兹石窟有着密切的关系，这对于研究丝绸之路佛教艺术的传播与互动具有重要的意义。

6. 韩国佛国寺

佛国寺位于韩国庆州东面吐含山山腰。寺院创建于法兴王二十七年（539 年），现存佛国寺大约是新罗景德王十年（752 年）重建后的布局。寺院坐北朝南，分为东西院两个部分。东院为寺院的主院，平面呈长方形，南北中轴线上依次有中门（紫霞门）、双石塔（东塔为多宝塔，西塔为释迦塔）、金堂和讲堂，四周以回廊环绕。金堂两侧也有翼廊与东西回廊相连，形成前后二进院落。主院西侧为西院，也以回廊围成，规模较小，平面呈方形。南有中门（安养门，清代重建），门前为白云桥，院内中心现有一座面宽 4 间、进深 3 间的主殿。此殿原为极乐殿，高丽明宗二年（1172 年）重建。极乐殿当是供奉阿弥陀佛的殿堂，这与安养门的含义相合，又从《佛国寺历代记》所记新罗真兴王三十六年（575 年）"铸卢（舍那）、弥陀二躯奉安佛国寺"的记载看，西院应是供养阿弥陀佛的净土院，净土院的配置可能在 6 世纪后期就已经出现。而且佛国寺全称华严佛国寺，是华严信仰的反映。这样真兴王时在佛国寺东西院分别供奉卢舍那和阿弥陀佛应是出现并列二院布局的原因。

主院西面设置旁院的双院式也是新罗时期新出现的寺院布局形式，在隋唐长安城却是常见的佛寺配置，许多著名的唐代寺院中都有净土院的设置，如长安荐福寺、兴唐寺、资圣寺、温国寺、大云寺、青龙寺等均有净土院。主院配置双塔出现于南北朝时期，隋唐时期长安流行，如法界尼寺、大兴善寺、大云寺等。据此，新罗佛国寺的寺院布局应取法于长安佛寺，这是长安佛教影响朝鲜半岛的一个实例。

7. 日本法隆寺

法隆寺，又称斑鸠寺，位于日本奈良市生驹郡斑鸠町，圣德太子于推古天王十五年（607年）始建，是日本最早的寺院之一[1]。公元670年寺院遭遇火灾后重建。寺院坐北朝南，分为东西两院。西院为早期建置，由四面回廊围合而成，南回廊中部开中门。院内中轴线两侧分别为金堂（东）、五重塔（西），是寺院的礼拜场所。平安时代增建讲堂和讲堂前两侧的钟楼（东）、经藏（西，被认为是奈良时代建筑），改建北部回廊，将讲堂纳入院内。其中金堂、五重塔、中门、回廊为7世纪后半叶再建，是世界上最古老的木构建筑群。

金堂面宽五间，进深四间，重檐歇山顶。出檐深远，形制古朴。堂内供奉释迦、药师、阿弥陀三尊像。五重塔平面呈方形，塔高32.45m，外形似楼阁式，塔刹有九个相轮。塔内中心有直贯塔顶的刹心柱，四面各自安置80尊塑像。东面维摩、文殊菩萨，北面释迦涅槃像，西面是八王分舍利，南面弥勒。中门面宽四间，重檐歇山顶，十分特殊。门内左右保存了8世纪初塑造的金刚力士立像。

日本佛教传承于中国，佛寺布局及建筑样式也同样模仿中国寺院制度[2]。塔和佛殿是隋唐寺院中的主要配置，其他配置有讲堂和钟楼（东）、经藏。在长安佛寺中，前塔后殿最为常见，但也有塔院旁置的实例。法隆寺为塔殿并列而置，应是前塔后殿佛寺形制的变通，不过文献中这种布局也有例子，如十六国后赵邺城的中寺内佛塔在东，佛殿在塔的西面[3]。无论如何，法隆寺及其五重塔已是中国佛寺及其建筑东传日本的最早见证之一。

1　《日本建筑史资料集成》，中央公认美术出版，1984。
2　傅熹年：《日本飞鸟、奈良时期建筑中反映出的中国南北朝、隋唐建筑特点》，《文物》1992年第10期。
3　（南朝梁）慧皎《高僧传》卷9《佛图澄传》。

丝路遗迹·宗教篇（上）遗址点总图

丝路遗迹·宗教篇（上）遗址点总图

《丝路遗迹·宗教篇（上）》遗址点总图说明

"丝绸之路"是一套沿用了约 18 个世纪的世界文明与文化交流的大动脉，交流内容以商业贸易、政治外交、宗教传播三大功能为主，交通路网则伴随着世界不同文明中心的兴衰关联及其使用功能而发生变更，呈现出错综复杂的历史性与共时性关联。故本书谨以中国朝代更替脉络为参考，依据丝绸之路的沙漠绿洲路线、草原路线、海上路线 3 条路线概念，结合使用情况，将交通路网切分为三个主要阶段：以公元前 2 世纪—公元 6 世纪（汉—南北朝时期）为第一阶段，以公元 7 世纪—13 世纪（唐宋时期）为第二阶段，以 13 世纪—16 世纪（元明时期）为第三阶段。路网的后续使用阶段包含了对前此路网路段的拓展、沿用与废弃等不同情况。受平面表达限制，本图仅以分色标示各阶段新辟路段。路网节点上的城市均采用今名，后附历史上的曾用名、分色标注。

路网绘制依据除本书研究成果之外，主要参考了《世界历史地图集》（张芝联、刘学荣编，中国地图出版社，2002 年）、《中国丝绸之路交通史》（交通部中国公路交通史编审委员会编，人民交通出版社，2000 年）、《丝绸之路考》（卜洪登，中国经济出版社，2007 年）、《泰晤士世界历史地图集》[杰弗里·巴勒克拉夫（Geoffrey Barraclough）、理查德·奥弗里（Richard Overy）编，毛昭晰等译，希望出版社、新世纪出版社，2011 年] 及陈凌提供的《秦汉时代丝绸之路路线示意图》等。

古代西域佛教遗迹

热瓦克佛寺遗址
Rawak Buddhist Temple Ruins

一、【事实性信息】

热瓦克佛寺是古代于阗国的重要佛教寺院,位于新疆维吾尔自治区洛浦县城西北50km处的库拉坎斯曼沙漠中,建于3—7世纪,总面积达2370m^2。

热瓦克佛寺以佛塔为中心,塔院建筑遗迹平面呈方形,院墙土坯砌筑,东西长49m,南北长49.4m,残高约3m,南墙中部为院门。佛塔用土坯砌筑,残高9m,平面为"十"字形,长50m,宽45m。塔基分四级,平面呈方形,边长15m,高5.3m。塔身为圆柱形,直径9.6m,残高3.6m,塔顶为覆钵形,已残。院墙内外两侧塑有精美的佛和菩萨像,以及大量形体较小的辅像和浮雕饰件,院墙上还有少量壁画。此外,塔院西南角有一小塔。

二、【丝路关联和价值陈述】

热瓦克佛寺遗址的形制和精美塑像在新疆古代佛寺遗址中独树一帜,除了与犍陀罗艺术有较为密切的关系外,某些塑像还具有秣陀罗艺术风格。另外,热瓦克遗址佛塔的十字形平面与巴米扬佛塔类似。在研究古代西域佛教、佛教东渐及佛教建筑、雕塑艺术等方面,热瓦克遗址具有不可替代的重要价值。

参考文献:
杨晓歌.佛塔早期传入新疆后形制的演变:以桑奇大塔和热瓦克佛塔的对比为例[J].美术教育研究,2014(22):43-43.
埃莉诺·布法罗.阿富汗巴米扬与新疆热瓦克佛塔比较研究:以近年法国考古发掘为基点[J].陈玉珍译.吐鲁番学研究,2010(1):117-128.
张建波.热瓦克佛寺雕塑综考[J].艺术探索,2019(6):71-84.
梁涛.新疆和田热瓦克佛寺保护加固研究[J].北方文物,2009(2):105-107.

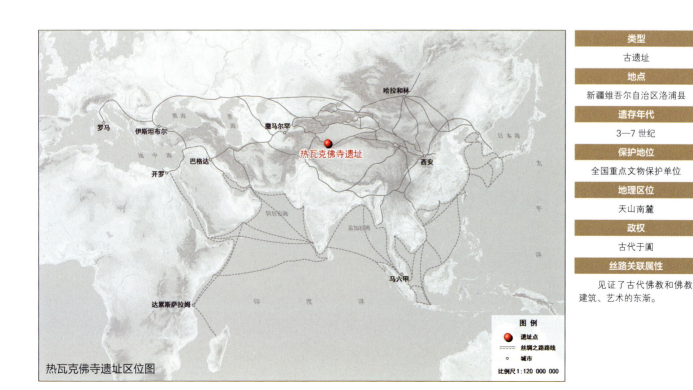

热瓦克佛寺遗址区位图

类型
古遗址
地点
新疆维吾尔自治区洛浦县
遗存年代
3—7世纪
保护地位
全国重点文物保护单位
地理区位
天山南麓
政权
古代于阗
丝路关联属性
见证了古代佛教和佛教建筑、艺术的东渐。

图1-1　热瓦克佛寺遗址全貌

图1-2　热瓦克佛寺塔院外墙的佛像

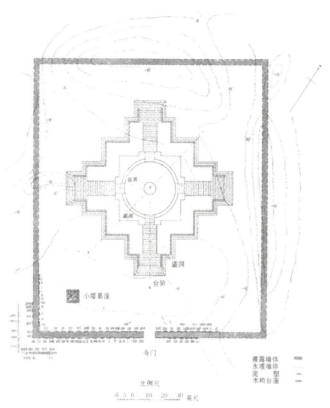

图1-3 热瓦克佛寺遗址平面图

图1-4 热瓦克佛寺出土于阗语世俗文书

图1-5 热瓦克佛寺遗址出土佛头

图1-6 热瓦克佛寺千佛背光

图1-7 热瓦克佛寺供养人像

克孜尔千佛洞
Kizil Thousand Buddha Caves

一、【事实性信息】

克孜尔石窟又称克孜尔千佛洞,是古代龟兹石窟寺庙,开凿于天山南麓渭干河谷明屋塔格山的山麓或峭壁上,建于3—9世纪,洞窟总体东西向绵延1.7km,在崖壁上分层错落分布。

现存洞窟349个、壁画近10 000m^2、少量造像及残迹、多处窟前建(构)筑物遗迹。洞窟形制有中心柱窟、大像窟、方形窟、僧房窟、龛窟、异形窟和多种洞窟组合形式。洞窟形制以中心柱式的"龟兹型窟"最具代表性,壁画内容以佛本生、因缘故事等小乘佛教题材为主。石窟外崖壁上保存了多处柱洞、凿痕,为窟前木构建筑遗迹。窟内发现了多种文字题记和文书(有婆罗迷文、汉文、突厥文、回鹘文、察合台文等古文字),以及来自丝路沿线不同地区文献、钱币、织物、玻璃制品、金属制品、颜料、佛经、木雕、唐时陶祖等多种文物。

二、【丝路关联和价值陈述】

克孜尔石窟是西域地区现存最早、规模最大、持续时间最长、洞窟类型最齐备、影响广泛的佛教石窟寺遗存。它既是龟兹石窟的代表,也是佛教石窟寺从印度北传中国后,地域位置最西的一处石窟群,受到了印度、中亚乃至中原北方佛教艺术的多重影响,既可称作西域地区佛教石窟寺的典范,又是印度与中原北方石窟的媒介。它以独特的洞窟形制和壁画风格,明显揭示出佛教经西域地区由西向东的传播轨迹,以及在传播过程中所形成的本土化过程,即龟兹风格,成为丝绸之路上最重要的佛教遗迹之一。

参考文献:
中国建筑设计研究院建筑历史研究所《丝绸之路:起始段和天山廊道的路网》申遗文本(2013).

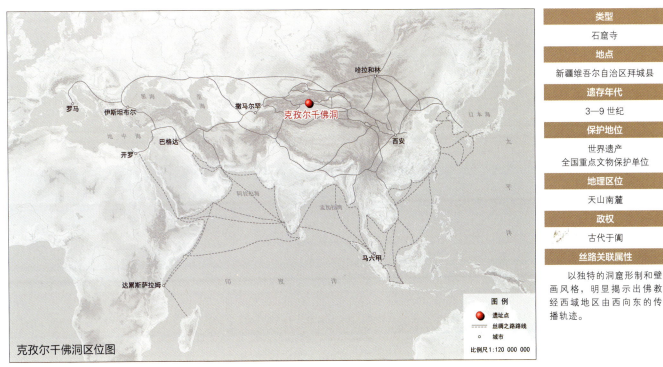

克孜尔千佛洞区位图

类型
石窟寺
地点
新疆维吾尔自治区拜城县
遗存年代
3—9世纪
保护地位
世界遗产 全国重点文物保护单位
地理区位
天山南麓
政权
古代于阗
丝路关联属性
以独特的洞窟形制和壁画风格,明显揭示出佛教经西域地区由西向东的传播轨迹。

图2-1 克孜尔石窟洞窟崖壁及明屋塔格全景

图2-2 克孜尔石窟第47窟大像窟

图2-3 克孜尔石窟第80窟中心柱窟内景

图2-4　克孜尔石窟第171窟主室右侧券顶

图2-5　克孜尔第205窟龟兹王和王后

图2-6　克孜尔新1窟飞天

图2-7　克孜尔石窟出土婆罗迷文文书

苏巴什佛寺遗址
Subash Buddhist Ruins

一、【事实性信息】

苏巴什佛寺遗址是古代龟兹王家寺庙，位于新疆维吾尔自治区库车县城西北 20km 处，地处却勒塔格山南麓库车河东西两岸的冲积台地上。佛寺约始建于 3 世纪，10 世纪后逐渐废弃。

苏巴什佛寺遗址群主要包括库车河东、西岸的两片佛寺遗址群，分布面积约 0.2km²。东岸佛寺遗址群含有佛殿遗址、佛塔遗址、僧房遗址；西岸佛寺遗址群含有佛殿遗址、佛塔遗址、僧房遗址、洞窟。地面建筑均由土坯垒砌而成。苏巴什佛寺遗址出土文物类型丰富，包括舍利盒、丝织品、古钱币、陶器、铜器、铁器、木器、木简和纸本文书以及壁画碎片、石雕佛像、泥质塑件等。

二、【丝路关联和价值陈述】

苏巴什佛寺遗址于 3—10 世纪持续沿用，是西域地区保留至今规模最大、保存最完整、历史最悠久的佛教建筑群遗址。它是天山南麓古龟兹地区的重要佛教建筑群遗址，展现了丝绸之路上古龟兹地区长期作为西域佛教传播中心的历史。已出土的丝织品、古钱币、器物和文书等遗存佐证了丝绸之路古龟兹地区发生的多种文化和商贸交流。

参考文献：
中国建筑设计研究院建筑历史所《丝绸之路：起始段和天山廊道的路网》申遗文本（2013）.

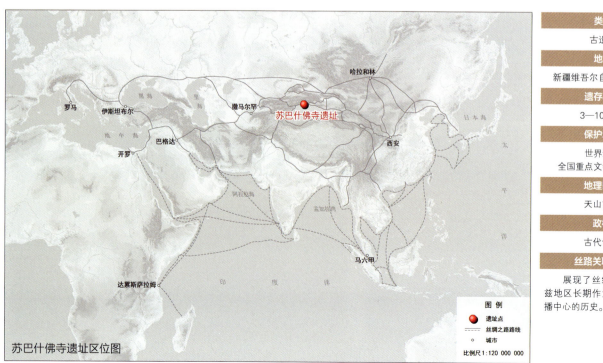

苏巴什佛寺遗址区位图

类型
古遗址
地点
新疆维吾尔自治区库车县
遗存年代
3—10 世纪
保护地位
世界遗产 全国重点文物保护单位
地理区位
天山南麓
政权
古代龟兹
丝路关联属性
展现了丝绸之路上古龟兹地区长期作为西域佛教传播中心的历史。

图3-1 苏巴什佛寺东岸佛寺遗址群6号建筑遗址（佛塔遗址）

图3-2 苏巴什佛寺东岸佛寺遗址

图3-8 苏巴什佛寺遗迹全貌

图3-4　苏巴什佛寺西寺遗址

图3-5　苏巴什佛寺苏巴什佛寺西岸佛寺遗址群（佛塔遗址）

森木塞姆千佛洞
Simsem Thousand Buddha Caves

一、【事实性信息】

森木塞姆石窟又称森木塞姆千佛洞，位于新疆库车县，南距牙哈乡克日希村 5km，地处却勒塔格山南麓。洞窟分布在山谷里，按地理位置可分为东、南、西、北、中五个区。编号洞窟 56 个，围绕着中央寺院呈扇形展开。洞窟的建筑形制主要分大像窟、中心柱窟、僧房窟、方形窟等。森木塞姆石窟的洞窟顶部结构多样，为龟兹地区所特有。现存壁画面积约 662m²，壁画内容多是佛教故事画，包括本生、佛传、因缘等。中、东区有 5 处建筑遗址，为佛教寺院遗址等。

二、【丝路关联和价值陈述】

森木塞姆石窟是龟兹石窟的重要组成部分，是龟兹境内位置最东、开凿时代较早、延续时间较长的一处石窟群。是"丝绸之路"上重要的历史文化遗址之一，是公元 4-13 世纪中、西方佛教文化交流、融合的实物见证。

2008 年列入中国世界遗产预备名单"丝绸之路"。

参考文献：
丝绸之路中国段申遗文本（2009）.

森木塞姆千佛洞区位图

类型
石窟寺
地点
新疆维吾尔自治区库车县
遗存年代
4—13 世纪
保护地位
全国重点文物保护单位
地理区位
天山南麓
政权
古代龟兹
丝路关联属性
是公元 4—13 世纪龟兹地区一处重要的石窟寺遗址。

图4-1 森木塞姆千佛洞远景

图4-2 森木塞姆石窟第11窟

图4-3 森木塞姆千佛洞第26窟窟顶

图4-5 森木塞姆千佛洞第15窟莲花藻井

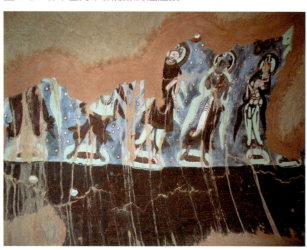

图4-4 森木塞姆千佛洞第32窟壁画

图4-6 森木塞姆千佛洞第11窟壁画

七个星佛寺遗址
Shikshin Buddhist Temple Ruins

一、【事实性信息】

七个星佛寺是古代焉耆国最重要的佛教寺院,位于新疆维吾尔自治区焉耆回族自治县县城西部霍拉山山前地带,建于 4—13 世纪。

七个星佛寺由佛寺和石窟组成,是焉耆地区最大的佛教建筑。残存的主要遗迹有 93 处(间)佛教地面建筑和 11 处石窟,分布面积达 6 万 m²。南部中心区的南大寺与殿堂、北部中心区的三大殿为主要地表建筑。石窟依山势开凿,多为支提窟,部分石窟内残存有长方形基座与壁画。20 世纪初,遗址中出土一批精美的佛教雕塑和珍贵的吐火罗文、回鹘文文书,其中以吐火罗文《弥勒会见记》最为著名。

二、【丝路关联和价值陈述】

犍陀罗—库车—吐鲁番路线上犍陀罗佛教艺术的传播情况反映了库车和吐鲁番是丝绸之路北道上两个大的佛教文化中心,焉耆七个星佛教遗址出土的艺术品集中展示了库车与吐鲁番之间的焉耆绿洲上东西方文化艺术交相辉映的画面,是犍陀罗佛教艺术品以极强的生命力向东传播的见证。2008 年列入中国《世界遗产预备名单》"丝绸之路"。

参考文献:
杜根成, 刘玉生, 祁小山. 焉耆古国的七个星: 清点七个星佛教遗址 1 个世纪以来的发现 [J]. 文物天地, 2002(9):20–25.

类型
古遗址
地点
新疆维吾尔自治区焉耆县
遗存年代
4—13 世纪
保护地位
全国重点文物保护单位
地理区位
天山南麓
政权
古代焉耆
丝路关联属性
丝绸之路北道上犍陀罗佛教艺术品向东传播的见证。

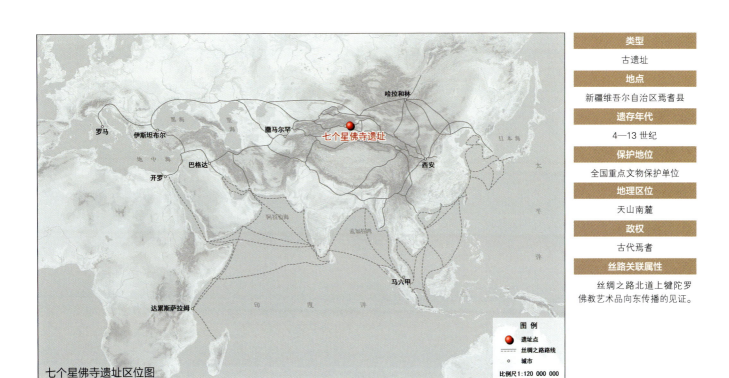

七个星佛寺遗址区位图

图5-1　七个星佛寺建筑遗址南区

图5-2　七个星佛寺建筑遗址北区

图5-3　七个星佛寺遗址第1窟旧影

图5-4　七个星第5石窟群

图5-5 七个星佛寺建筑F4遗址内部旧影

图5-6 七个星佛寺遗址第10窟券顶壁画

图5-7 七个星第7窟塑像

库木吐喇千佛洞
Kumtura Thousand Buddha Caves

一、【事实性信息】

库木吐喇石窟又称库木吐喇千佛洞，是龟兹地区一处重要的石窟寺遗址，约开凿于公元 5-9 世纪。位于新疆库车县西南约 25km，地处渭干河出却勒塔格山口东岸崖壁上。

库木吐喇千佛洞现有已编号石窟共 112 个，自南向北可分为两区，即谷口区和大沟（窟群）区，两区相距约 3km。谷口区面积约 0.2km²，包括 32 个洞窟，大沟区面积约 0.15km²，包括 80 个洞窟。窟形包括中心柱窟、大像窟、方形窟、僧房窟以及一些形制特殊的异形窟。窟内保存了龟兹风格、汉地风格和回鹘风格的精美壁画。库木吐喇千佛洞目前已知以塑像、壁画为主的可移动文物共 372 件，保存于国内和国外，其中国外收藏占总量的 13.3%，主要是 20 世纪初期流失域外的文物。

二、【丝路关联和价值陈述】

库木吐喇石窟是龟兹地区一处重要的石窟寺遗址，是佛教沿丝绸之路东传西渐的重要历史见证。其窟形受到印度石窟影响并形成特有的石窟形制，影响到其他地区。壁画呈现的犍陀罗、汉地画风，以及回鹘洞窟内的汉文、回鹘文、龟兹文合璧的供养人榜题，展现出龟兹地区在古代丝绸之路上的文化交流。

2008 年列入中国世界遗产预备名单"丝绸之路"。

参考文献：
丝绸之路中国段申遗文本（2009）.

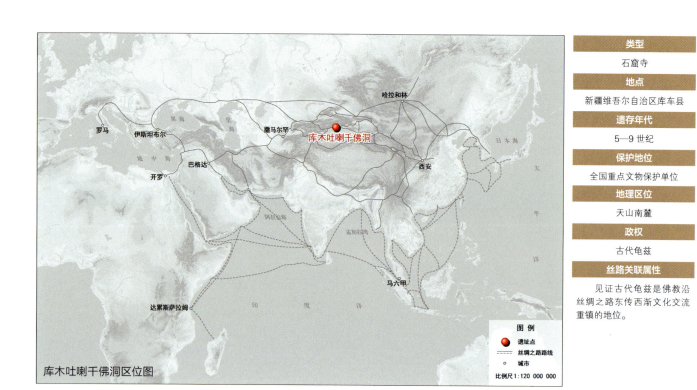
库木吐喇千佛洞区位图

类型
石窟寺
地点
新疆维吾尔自治区库车县
遗存年代
5—9 世纪
保护地位
全国重点文物保护单位
地理区位
天山南麓
政权
古代龟兹
丝路关联属性
见证古代龟兹是佛教沿丝绸之路东传西渐文化交流重镇的地位。

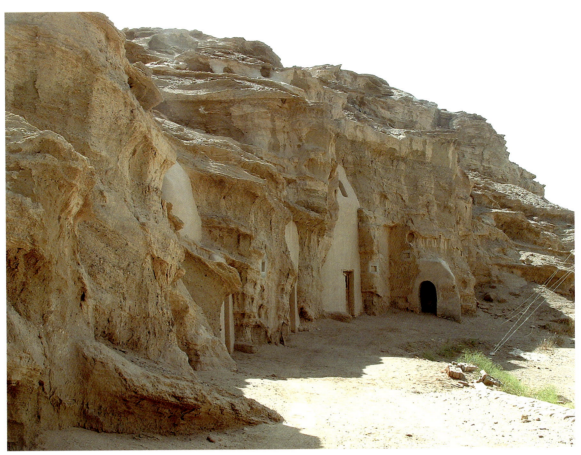

图6-1　库木吐喇千佛洞局部

图6-2　库木吐喇千佛洞局部

图6-3　库木吐喇石窟全景

图6-4　库木吐喇千佛洞第10窟

图6-5　库木吐喇千佛洞第14窟

图6-6 库木吐喇千佛洞第14窟

图6-7 库木吐喇千佛洞第29窟

柏孜克里克千佛洞
Bezeklik Thousand Buddha Caves

一、【事实性信息】

柏孜克里克石窟又称柏孜克里克千佛洞,位于新疆维吾尔自治区吐鲁番市东北约40km的火焰山主峰山腰、木头沟沟谷西岸的陡崖上,东距鄯善县城约60km。

柏孜克里克千佛洞全长(南北方向)166m。洞窟分三层修建,现存窟室83个,总面积约3000m^2,主要有礼拜窟(即支提窟)、僧房窟和影窟3种类型。其中绘有壁画的洞窟40多个,现存壁画总面积约合1200m^2。遗存以回鹘时期为主,另留有摩尼教窟(如第38B窟)。壁画中保留了诸多不同民族的相貌、服饰、文字榜书。柏孜克里克石窟出土了回鹘文、西夏文、汉文、梵文、婆罗米文、粟特文6种文字的木版印刷品及17种不同书写的手抄本。建筑遗存包含16攒木质斗栱,釉下彩莲花纹方砖等。

二、【丝路关联和价值陈述】

柏孜克里克石窟的洞窟遗存以回鹘时期为主,洞窟的建造,既受龟兹文化的影响,又吸收中原地区建筑技术文化,同时保持了鲜明的民族传统文化特色。留有的摩尼教窟(如第38B窟)显示了摩尼教教徒的重要创造。出土的6种文字木版印刷品及17种不同书写的手抄本,证明高昌曾是中亚地区佛经文献印刷中心。木质斗栱、釉下彩莲花纹方砖等建筑构件是吸收中原地区建筑技术的物证。粟特文摩尼教经卷抄本是已经灭亡的世界性宗教摩尼教在中国传播的重要物证。

柏孜克里克石窟见证了丝绸之路吐鲁番地区受到的中原地区建筑、绘画等文化艺术的影响,展现了丝绸之路上文化交流的双向流动性。

2008年列入中国世界遗产预备名单"丝绸之路"。

参考文献:
吐鲁番地区文物管理所. 柏孜克里克千佛洞遗址清理简记[J]. 文物, 1985(8):51-67+99-103.
丝绸之路中国段申遗文本(2009).

柏孜克里克千佛洞区位图

类型
石窟寺
地点
新疆维吾尔自治区吐鲁番市
遗存年代
5—11世纪
保护地位
全国重点文物保护单位
地理区位
天山东端
政权
古代高昌
丝路关联属性
吐鲁番地区受到的中原地区建筑、绘画等文化艺术的影响,展现了丝绸之路上文化交流的双向流动性。

图7-1 柏孜克里克千佛洞全景

图7-2 柏孜克里克千佛洞佛塔遗迹

图7-3　柏孜克里克千佛洞第19窟壁画

图7-4　柏孜克里克千佛洞第27窟千佛壁画及佛像背光

图7-5　柏孜克里克千佛洞第39窟壁画

图7-6　柏孜克里克石窟明王像

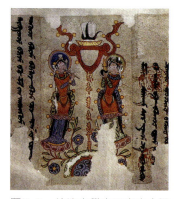

图7-7　柏孜克里克石窟出土粟特文《摩诃般若陀罗尼经》写本残卷（局部）

图7-8　石窟回鹘男供养人壁画

图7-9　柏孜克里克石窟出土八思巴文佛经印本

吐峪沟石窟
Tuyoq Cave Temple Complex

一、【事实性信息】

吐峪沟石窟是新疆东部开凿年代最早、规模最大的佛教石窟遗址群。位于新疆维吾尔自治区鄯善县吐峪沟乡,东距鄯善县城约40km。开凿于5-13世纪。

石窟分布在沿吐峪沟沟谷两侧南北约500m范围之内。根据2010年的发掘报告,沟东区北部石窟群共清理发掘56处,包括礼拜窟、禅窟、僧房窟及其他配套设施;沟西区北部石窟群为上下4-5层的结构,由于山体崩坏,遗迹损毁较严重,最高一层、第二层都各自仅余1窟,第三层尚有部分遗存,第四层位置靠下,遗迹相对较多,从已发掘的情况推测(尚未发掘完毕),初步估计这一组石窟群是以最东端的中心柱窟为核心而建;沟东区南部发现一处回鹘时期的地面佛寺,处于山间豁口斜坡上,面西背东。据调查,佛寺附近及南北两侧山上还有相当数量的古代遗存。总体来说,吐峪沟的沟东和沟西区石窟均是多层式的簇群布局,以礼拜窟为中心,左右上下开凿僧房窟、禅窟及其他生活用窟。礼拜窟一般建在整个区域最显著的位置,除绘有壁画外,通常在地面铺砖或抹白灰。

新清理的沟东、沟西两处礼拜窟的壁画风格均显现出较早的时代特征,与中亚犍陀罗风格较为接近;多处洞窟前清理出门道、台阶、殿堂等重要遗迹,并发现多处洞窟改建、维修乃至封闭等迹象;在2010年的发掘中还发现数量众多的多种文字的文书及印刷品,包括汉文、粟特文、藏文、回鹘文、婆罗迷文等,有佛经写本、世俗文书和古书注本等,字体风格最早的为公元4、5世纪;此外,还有绢画、纸画、纺织品及其他遗物。

二、【丝路关联和价值陈述】

吐峪沟石窟是中原佛教文化与西域佛教文化最早交汇的地区,洞窟形制既受当地民居建筑形式及龟兹石窟的影响,又受凉州模式、敦煌石窟的影响,除继承中亚建筑特点外,还吸收了中原地区的建筑特点。其北凉时期的壁画特征与敦

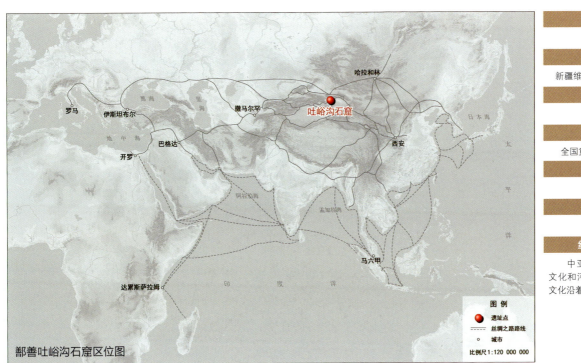

鄯善吐峪沟石窟区位图

类型
石窟寺
地点
新疆维吾尔自治区鄯善县
遗存年代
5—13世纪
保护地位
全国重点文物保护单位
地理区位
天山南麓
政权
古代高昌
丝路关联属性
中亚、龟兹的佛教艺术文化和河西、中原佛教艺术文化沿着丝绸之路交汇之地。

煌莫高窟北凉时期的相同，至麹氏高昌国时期画风受龟兹佛教艺术的影响明显增强。在吐峪沟石窟发现的西晋元康六年（296年）的《诸佛要集经》写本以及前秦甘露二年（360年）沙门静志写的《维摩经义记》等佛典说明，在南北朝时期，佛教在高昌地区已有很大的发展。

2008年列入中国世界遗产预备名单"丝绸之路"。

参考文献：
陈凌,李裕群,李肖. 新疆鄯善县吐峪沟石窟寺遗址[J]. 考古, 2011(7):27-32.
丝绸之路中国段申遗文本（2009）.

图8-1　吐峪沟石窟全貌

图8-2 吐峪沟石窟说法图及平棊图案

图8-5 吐峪沟石窟飞天壁画

图8-3 吐峪沟石窟禅观图壁画

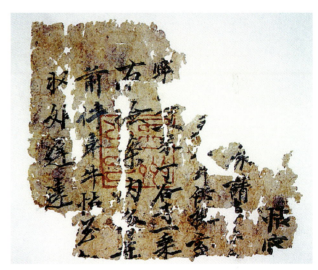

图8-6 吐峪沟石窟出土西州乘牛帖

图8-4 吐峪沟石窟壁画

图8-7 吐峪沟石窟出土唐佛画断片（绢本）

达玛沟佛寺遗址
Damagou Buddhist Temple Ruins

一、【事实性信息】

达玛沟佛寺遗址群又称托普鲁克敦佛寺遗址，位于新疆维吾尔自治区和田地区策勒县以东，约建于公元6-9世纪。从策勒县城沿国道315线东行约30km即是达玛沟乡，而达玛沟佛教遗址群就栖身在公路以南延伸到昆仑山前的荒漠区域。

达玛沟佛寺遗址由托普鲁克敦1号、2号、3号遗址及喀拉墩1号佛寺遗址组成。托普鲁克敦1号佛寺建造时代可能为公元6-7世纪，达玛沟喀拉墩1号佛寺建造时代可能为公元7世纪，托普鲁克敦2号、3号佛寺建造时代可能为公元8世纪，四个佛寺或许毁于公元10-11世纪喀喇汗王朝。这从一个侧面反映了于阗公元6-8世纪佛寺发展的历程。

二、【丝路关联和价值陈述】

托普鲁克敦1号佛寺属于方形像殿佛寺，是我国乃至全世界目前所发现中古时期的最小佛寺，在我国塔克拉玛干沙漠地区迄今所发现佛寺中，是保存最为完好的古代佛堂建筑形式佛寺，佛像雕塑保存较好，主尊以及背光和头光非常珍贵，壁画精美，保存面积在迄今发现的所有塔克拉玛干佛寺壁画中最大，其中弥勒菩萨和早期毗沙门天的形象尤为罕见，根据现存的佛寺建筑遗迹和壁画完全可以复原佛寺原貌。托普鲁克敦2号佛寺包括东门、前厅、东侧堂、东北侧室、北门、北侧堂和中心回廊像殿，布局谨严清楚，保存较好，是迄今和田地区发现的结构最复杂的回廊像殿，可以看作这个地区大型回廊像殿的代表，填补于阗寺晚期形制的空白。其中主尊佛头、回廊千佛壁画残块、毗卢遮那佛木板画、擦擦等是这次发掘的重大收获。托普鲁克敦2号佛寺出土的毗卢遮那佛木板画、擦擦与达玛沟喀拉墩1号佛寺的千手千眼观音残壁画一起说明密教在于阗的流行，以及和西藏佛教的密切关系。三座佛寺中大量的因素也体现了于阗佛教艺术和中亚、中原相互交流的密切关系。

魏晋至隋唐，于阗一直是中原佛教的源泉之一，如华严

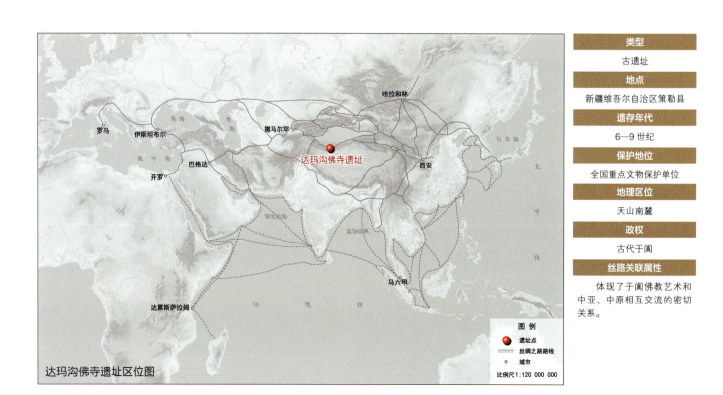

达玛沟佛寺遗址区位图

类型
古遗址
地点
新疆维吾尔自治区策勒县
遗存年代
6—9世纪
保护地位
全国重点文物保护单位
地理区位
天山南麓
政权
古代于阗
丝路关联属性
体现了于阗佛教艺术和中亚、中原相互交流的密切关系。

部经典，就大多是从于阗取得梵本，于阗僧人提云般若、实叉难陀等，都为汉译华严经典作出过贡献。于阗佛教艺术的"于阗画派"风格影响着我国佛教艺术的发展，于阗绘画甚至还可以说是西藏佛教艺术的渊源地之一，影响远至日本。

2008年列入中国世界遗产预备名单"丝绸之路"。

参考文献：

巫新华,郭物,雷然,等. 新疆和田地区策勒县达玛沟佛寺遗址发掘报告[J]. 考古学报, 2007(4).

郭物,仝涛,巫新华,等. 新疆策勒县达玛沟3号佛寺建筑遗址发掘简报[J]. 考古, 2012(10):15-24.

巫新华. 新疆和田达玛沟佛寺考古新发现与研究[J]. 文物, 2009(8):55-68.

图9-1 达玛沟佛寺遗址托普鲁克墩1号佛寺遗址

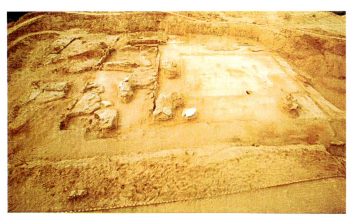

图9-2 达玛沟佛寺遗址托普鲁克墩3号佛寺遗址

图9-3 达玛沟佛寺遗址托普鲁克墩2号佛寺遗址

图9-4 达玛沟佛寺遗址托普鲁克墩1号佛寺壁画残片

图9-5 达玛沟佛寺遗址托普鲁克墩1号佛寺千手千眼观音壁画

图9-6 达玛沟佛寺遗址托普鲁克墩2号佛寺出土佛头

河西、陇东地区佛教遗迹

莫高窟
Mogao Caves

一、【事实性信息】

莫高窟俗称千佛洞，位于敦煌市城东南 25km。莫高窟开凿在鸣沙山东麓断崖上，始建于前秦建元二年 (366 年)，此后北魏、西魏、北周、隋、唐、五代、宋、西夏、元各代都有凿建，是我国现存规模最大、内容最丰富的石窟艺术宝库。现存北魏至元洞窟共 492 个，壁画约 4.5 万 m^2，泥质彩塑 2000 余尊。莫高窟是以壁画为主、塑像为辅的石窟。最大佛像高 33m，最小者高 10cm。壁画内容有佛像、佛教史迹、经变、神话、供养人等。窟内金碧辉煌，绚丽夺目。藏经洞内藏有写经、文书、文物四万多件，内容丰富，成为社会科学中的一个专门学科，即"敦煌学"。敦煌市区西南 30km 党河北岸的西千佛洞，其壁画题材和艺术风格与莫高窟类似，是敦煌艺术的重要组成部分。

二、【丝路关联和价值陈述】

综观敦煌石窟佛教艺术，从北魏到隋两个世纪中，可以明显看出当佛教和佛教艺术从天竺传入之后，在民族艺术基础上受到外来佛教图像造型艺术制作方法的影响，与云冈、龙门早期石窟艺术，同是中国佛教艺术发生和发展的阶段。但进入唐代以后，一直到五代、宋、西夏、元的八九百年中，中华民族艺术吸收并融化了外来的因素，成功地创造了富有民族特点的自己的艺术，是中华民族艺术进一步灿烂发展的阶段。

参考文献：
常书鸿. 敦煌莫高窟艺术[J]. 文物, 1978(12):7–9.
陈振旺, 樊锦诗. 盛世华章：初唐后期和盛唐前期莫高窟藻井图案[J]. 艺术设计研究, 2019(1):16–23.
沙武田. 敦煌莫高窟第72–76窟窟前殿堂遗址发掘报告[J]. 考古学报, 2002(4):492–513.
樊锦诗, 赵青兰. 吐蕃占领时期莫高窟洞窟的分期研究[J]. 敦煌研究, 1994(4):76–94.
沙武田. 莫高窟第322窟图像的胡风因素：兼谈洞窟功德主的粟特九姓胡人属性[J]. 故宫博物院院刊, 2011(3):71–96.
肖默. 敦煌莫高窟53窟窟前宋代建筑复原[J]. 考古, 1977(6):413–421.

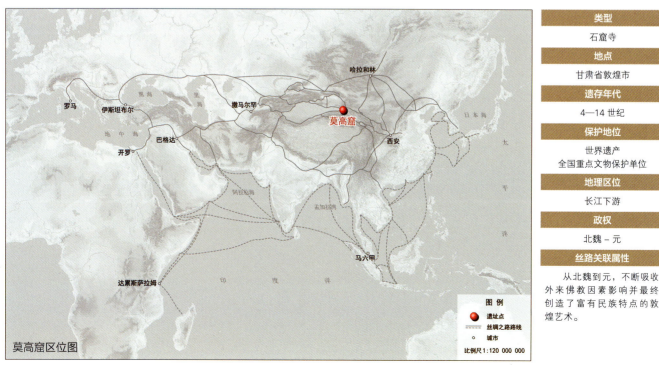
莫高窟区位图

类型
石窟寺
地点
甘肃省敦煌市
遗存年代
4—14 世纪
保护地位
世界遗产 全国重点文物保护单位
地理区位
长江下游
政权
北魏 – 元
丝路关联属性
从北魏到元，不断吸收外来佛教因素影响并最终创造了富有民族特点的敦煌艺术。

图10-1 莫高窟九层楼

图10-2 莫高窟北窟区局部

图10-3 莫高窟局部外景

图10-4 莫高窟第158窟内景

图10-5 莫高窟第158窟北壁《各国王子举哀图》

图10-6 莫高窟西魏第285窟顶神兽

图10-8 莫高窟217窟北壁壁画

图10-7 莫高窟盛唐、中唐第205窟彩塑一铺

图10-9 莫高窟217窟北壁壁画局部

图10-10 莫高窟盛唐第45窟彩塑一铺

天梯山石窟
Tiantishan Cave Temple Complex

一、【事实性信息】

天梯山石窟位于甘肃省武威市南约 50km 的中路乡天梯山南麓。始建于北凉和北魏，由北凉王且渠蒙逊倡导开凿，是研究这一时期社会形态、佛教发展和非汉族政权上层人物宗教信仰的形象资料。唐代续建，西夏、明和清重修。现有洞窟 18 个，以第 13 号大佛窟为中心上下 3 层分布。其中北凉洞窟以第 1、第 4、第 18 窟为代表，均为平面近方形的中心塔柱窟，中心柱上下有 4 层，下层为方形基座，上 3 层逐层收分直达窟顶，柱四面开龛造像。壁画采用西域绘画风格并结合中国传统绘画技法而创作，人物面部采用凹凸法晕染，衣纹线条采用传统的线描技法，着色以平涂为主，有胁侍菩萨、供养菩萨等（壁画现移至甘肃省博物馆）。天梯山石窟的兴盛期在唐代，造像以第 13 号大佛窟为代表，佛像高 28m，旁边有胁侍菩萨、弟子和天王共七身大型群像。

二、【丝路关联和价值陈述】

天梯山石窟是佛教从印度沿丝绸之路向中原地区传播过程中的凉州石窟的典型代表，也是十六国北方地区的佛教中心之一。其时龟兹盛小乘，于阗习大乘，龟兹多凿石窟，于阗盛建塔寺，这两个系统的佛教及其艺术，于新疆以东首先融汇于凉州地区，在形成成熟的凉州模式之后，天梯山石窟与河西走廊其他石窟共同组成凉州石窟群体，并在佛教东传过程中对炳灵寺石窟等产生了重要影响。因而天梯山石窟在中国早期佛教传播史上占有重要的地位。它为研究北方佛教石窟和佛教建筑与艺术的发展提供了珍贵的断代标尺。

参考文献：
宿白. 凉州石窟遗迹和"凉州模式"[J]. 考古学报, 1986(4):54-65.
敦煌研究院, 甘肃省博物馆. 武威天梯山石窟[M]. 文物出版社, 2000.

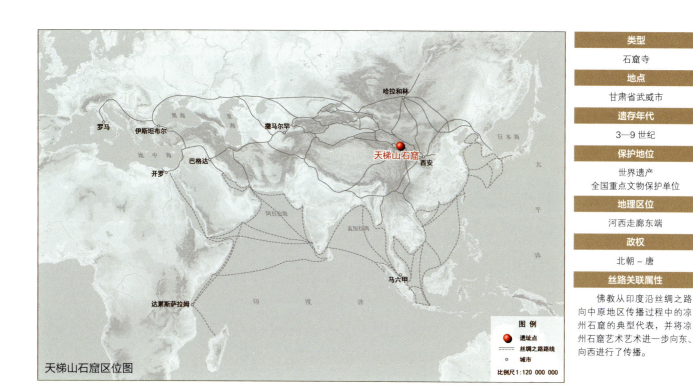

天梯山石窟区位图

类型
石窟寺
地点
甘肃省武威市
遗存年代
3—9 世纪
保护地位
世界遗产 全国重点文物保护单位
地理区位
河西走廊东端
政权
北朝－唐
丝路关联属性
佛教从印度沿丝绸之路向中原地区传播过程中的凉州石窟的典型代表，并将凉州石窟艺术艺术进一步向东、向西进行了传播。

图11-1 天梯山石窟大像窟

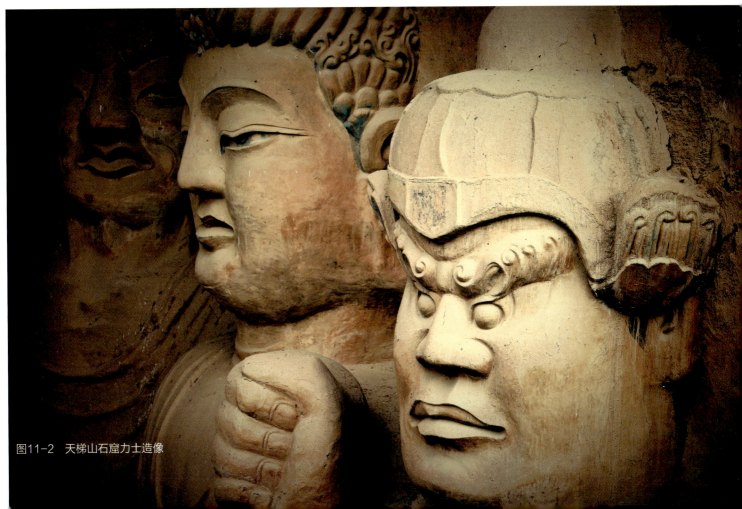
图11-2 天梯山石窟力士造像

炳灵寺石窟
Bingling Cave Temple Complex

一、【事实性信息】

炳灵寺石窟位于甘肃省临夏州永靖县西南约52km处，错落开凿在小积石山黄河北岸大寺沟中长350m、高60m的西侧崖面上，始凿于公元4世纪后期（西秦），5—10世纪陆续开凿，宋元明清历代维修。石窟以崖面北段高达27m的唐代摩崖大佛（171窟）以及崖面中段的众多中小型窟龛为主体列入世界遗产，窟龛185个，雕像776尊，壁画912m^2。西秦时期石窟4处，北朝时期开凿的窟龛有40个，隋唐时期石窟138个，明代洞窟3处，石刻题记62处。

二、【丝路关联和价值陈述】

炳灵寺石窟位于当时东西南北交通要冲的附近，致其佛教艺术受到了同时代西方、南方和中原的多重影响，并在这里的十六国北朝石窟中有反映；藏传佛教的影响通过这里的大量明代壁画而体现。作为丝绸之路起始段（河西走廊与中原地区交接地带）现存最早的佛教石窟寺，炳灵寺石窟是佛教初传入汉地时中国早期石窟面貌的特殊证据。

参考文献：
中国建筑设计研究院建筑历史所《丝绸之路：起始段和天山廊道的路网》申遗文本（2013）.

类型
石窟寺
地点
甘肃省永靖县
遗存年代
4—10世纪
保护地位
世界遗产 全国重点文物保护单位
地理区位
黄河三峡
政权
西秦－西夏
丝路关联属性
是佛教初传入汉地时中国早期石窟面貌的特殊证据。

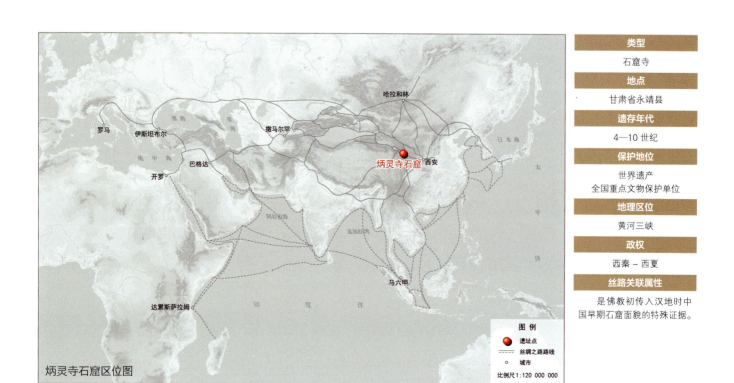

炳灵寺石窟区位图

图12-1　炳灵寺石窟远景

图12-2　炳灵寺大佛造像

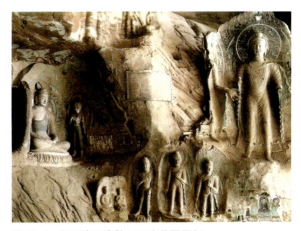

图12-3　炳灵寺石窟第169窟北壁局部

图12-4　炳灵寺石窟第64窟唐代塑像

图12-5 炳灵寺石窟第126窟北魏释迦、多宝佛

图12-6 第172窟北壁

图12-7 炳灵寺石窟第11窟窟顶壁画

图12-8 皈依佛者169窟12龛北侧下方

图12-9 炳灵寺石窟第169窟6龛建弘元年（420年）墨书题记

马蹄寺石窟群
Mati Cave Temple Complex

一、【事实性信息】

马蹄寺石窟群（含金塔寺石窟）位于张掖市南62km的肃南裕固族自治县马蹄藏族乡境内的临松山下，由金塔寺，千佛洞，上、中、下观音洞，马蹄南寺、北寺七个部分组成，分散分布于祁连山北麓的山崖溪谷中。

金塔寺、千佛洞石窟是马蹄寺石窟群中最有价值和最具代表性的部分。金塔寺现存两窟，千佛洞现存窟、龛八，以方形平面中心柱窟为主。窟内有北凉、北魏、唐、元等时期的彩塑近300身，北魏、西魏、西夏、元、明等时期的壁画800多平方米。在洞窟形制上，是中国传统建筑形式与印度支提窟、西域中心柱窟相结合的产物。造像和壁画在受外来影响的同时，结合传统工艺，又融入了地方特色。北凉时期的造像题材有一佛、一佛二菩萨、一佛二弟子、三佛、千佛、交脚和倚坐弥勒佛、半跏思惟菩萨、供养菩萨、飞天等，其中很多均以金塔寺石窟出现最早，对同时期的炳灵寺石窟及后来的北魏云冈石窟等都有影响。北凉时期的壁画有说法图、千佛、十方佛、一佛二菩萨、飞天、供养菩萨、装饰图案等。

二、【丝路关联和价值陈述】

金塔寺、千佛洞石窟是丝绸之路中国段河西走廊上"凉州石窟"的典型代表之一。"凉州石窟"是随着西域高僧东渡传法，北印度佛教艺术和西域的犍陀罗艺术传入凉州地区，同时与自东而来的中原佛教艺术在此融合形成的石窟形式。除了具有凉州石窟的典型特点之外，融合了地域传统，形成了与嘉峪关以东其他凉州模式石窟（文殊山石窟等）不同的风格。

参考文献：
丝绸之路中国段申遗文本（2009）．
董玉祥，岳邦湖．马蹄寺、文殊山、昌马诸石窟调查简报[J]．文物，1965(3):16—33．

马蹄寺石窟群区位图

类型
石窟寺
地点
甘肃省肃南县
遗存年代
5—13世纪
保护地位
世界遗产预备项目 全国重点文物保护单位
地理区位
河西走廊中部
政权
北朝—元
丝路关联属性
西域高僧东渡传法，北印度佛教艺术和西域的犍陀罗艺术传入凉州地区，同时与自东而来的中原佛教艺术在此融合形成的"凉州石窟"典型代表之一。

图13-1　马蹄寺石窟群千佛洞

图13-2　马蹄寺石窟"三十三天"窟

图13-3　千佛洞第2窟中心柱东面

麦积山石窟
Maijishan Cave Temple Complex

一、【事实性信息】

麦积山石窟位于今中国甘肃省东端的天水市，遗存包括佛教窟龛遗迹以及相关的佛寺和佛塔。窟龛群开凿于群山环抱的麦积山红砂岩独峰峭壁上，在西－南－东崖面上分层而建，横向分布范围约 200m，纵向近 20 层洞窟、距地面 10—80m，洞窟间以错落的栈道相连。现存有 5—13 世纪建造的 198 个佛教窟龛，7000 余身泥塑造像，1000 多平方米壁画遗存。东南崖下有 5 世纪（东晋）始建、16 世纪（明代）重建的瑞应寺，现为清代甘肃传统风格的中轴对称三进式建筑院落，坐西北朝东南。山顶有 7 世纪（隋代）始建、18 世纪（清代）重建的舍利塔，为八角五层密檐式实心塔，通高 9m。麦积山石窟孤峰卓立、窟龛错落的整体形象，与周边的丹霞地貌和丰富的植被景观共同构成了独特的景观价值。

二、【丝路关联和价值陈述】

麦积山石窟开凿于 5-13 世纪，是河西走廊及其周边地区仅次于敦煌莫高窟的大型石窟寺；是中国石窟遗产中西魏、北周石窟的代表窟群之一，也是中国佛教石窟群继云冈石窟汉化之后的进一步延续与发展。以其位居当时东西南北交通要冲的地理位置，麦积山石窟既受到中原北方云冈、龙门等主流石窟的影响，也受到南方和西方文化的冲击。麦积山石窟以其明显的反映中国佛殿建筑形象的石窟形式、最早期的经变画等遗迹，影响广泛，成为丝绸之路佛教艺术自东向西影响的转折性阶段的重要遗迹。

参考文献：
中国建筑设计研究院、中国建筑设计研究院建筑历史所《丝绸之路：起始段和天山廊道的路网》申遗文本〔2013〕.

类型
石窟寺
地点
甘肃省天水市
遗存年代
5—13 世纪
保护地位
世界遗产 全国重点文物保护单位
地理区位
秦岭西北余脉
政权
北魏－宋
丝路关联属性
丝绸之路佛教艺术自东向西影响的转折性阶段的重要遗迹。

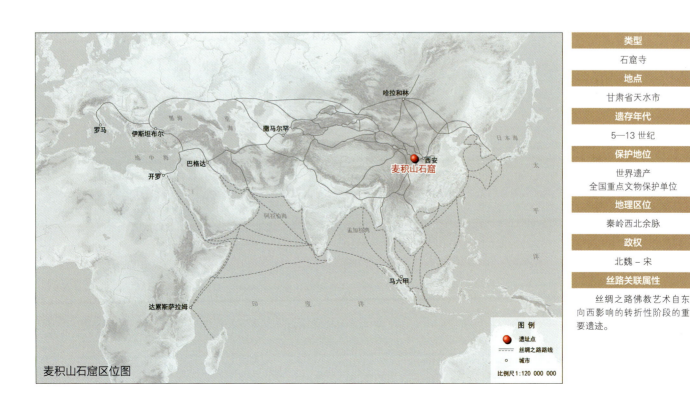

麦积山石窟区位图

图14-1　麦积山石窟外景

图14-2　麦积山石窟第43窟

图14-3　麦积山石窟第127窟西方净土变

图14-4　麦积山石窟第4窟薄肉塑伎乐飞天

图14-5　麦积山石窟第133窟佛像

图14-6　麦积山石窟第4窟现状立面

图14-7 麦积山石窟第121窟菩萨与弟子造像

须弥山石窟
Xumishan Cave Temple Complex

一、【事实性信息】

须弥山石窟位于宁夏回族自治区固原市原州区西北山区，距固原古城 55km。须弥山石窟始创于北魏晚期，历经西魏、北周、隋、唐四代的连续营建及宋、元、明、清各代的修葺重妆，石窟艺术自 5 世纪末至 15 世纪历时 1500 余年。同时，也是宁夏回族自治区境内最大的石窟群。现存窟龛 162 座，沿山峰东南崖面分布延绵 2km，其中保存有各时代造像、彩绘壁画、石刻题记的洞窟 70 余座；保存较为完好的造像 500 余躯，汉藏文刻记、题记 55 则、碑刻 3 方、残碑 11 块。须弥山石窟以石雕为主，区别于敦煌、麦积山石窟，尤其以北周和唐代洞窟之众和雕刻之美著称于世。

二、【丝路关联和价值陈述】

固原位于丝绸之路东段北路必经之地，须弥山石窟是佛教艺术东传过程中的中转站，大量西域文化流经这里，在向中原传播的过程中相互吸收、融合。在其初期石窟中，艺术风格等方面明显受到来自云冈、龙门、巩县及东部邻近地区和南部麦积山、东部北石窟的影响；西魏时期开凿的阿旃陀式支提窟形式特殊，与印度、新疆、敦煌等地有着密切关系；北周时期的洞窟同时受到东部响堂山石窟的影响和南部麦积山石窟的影响，是长安佛教造像样式在须弥山石窟的具体体现；唐代造像更多地受到中心地区石窟影响。

参考文献：
韩有成. 试论须弥山石窟艺术史上的六个高潮[J]. 四川文物, 2002(5):74–77.
代学明. 须弥山石窟及其价值[J]. 丝绸之路, 2010(20):16–17.
丝绸之路中国段申遗文本（2009）.

须弥山石窟区位图

类型
石窟寺
地点
宁夏回族自治区固原市
遗存年代
5—15 世纪
保护地位
世界遗产预备项目 全国重点文物保护单位
地理区位
六盘山腹地
政权
西魏 – 清
丝路关联属性
位于丝绸之路东段北路必经之地，历史上受到多个地区的影响，以中心地区（云冈、龙门）和周边地区（麦积山、响堂山）影响最为明显。

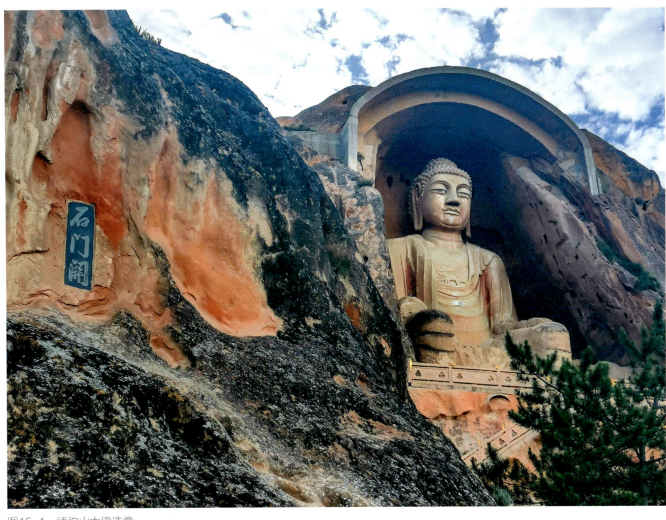

图15-1 须弥山大佛造像

图15-2 须弥山石窟第1窟造像

图15-3 须弥山石窟第45窟造像

图15-4 北须弥山石窟第46窟造像

图15-5　须弥山石窟桃花洞区域

图15-6　须弥山石窟全貌

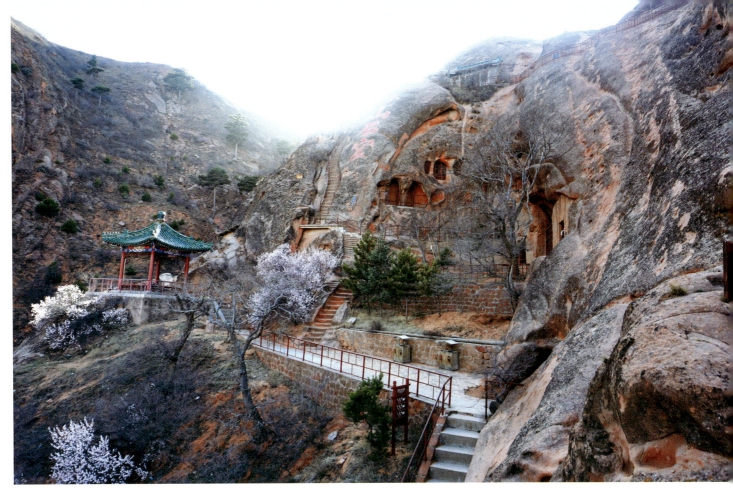

图15-7　须弥山石窟子孙宫区域

水帘洞—大像山石窟
Shuiliandong-Daxiangshan Cave Temple Complex

一、【事实性信息】

水帘洞—大像山石窟位于甘肃省天水市武山县榆盘乡钟楼湾村鲁班峡中，开凿在莲苞峰南壁及其东侧山峰的西南壁崖面上。始建于北周明帝武成元年（559年），隋、唐、宋、元、明、清历代均有所修缮，现存大小窟龛24个，造像33身，覆钵塔7座，壁画近1700m²，摩崖题记1方。北周时期的窟龛主要为大型摩崖浮塑或圆拱形浅龛，宋元之际在崖面上开凿有部分摩崖浅龛，元代浅龛内多高浮雕覆钵式佛塔。水帘洞石窟—拉梢寺的造像以摩崖石胎浮塑为主，兼有部分泥塑。壁画在拉梢寺石窟中占有重要位置，在莲苞峰南壁崖面上，历代均绘有大面积壁画，内容主要包括两个部分：一部分以摩崖浮雕大佛为中心，在四周崖面绘诸神及众生听法，兼绘单幅佛说法图，另一部分崖面通体绘千佛场面及单幅或成组的佛说法图。

此外，在拉梢寺附近的峡谷中还分布有千佛洞、水帘洞、显圣池等3处窟龛群和峰团寺、砖瓦寺、金瓦寺、显圣寺、观台寺、莲花台、说法台、清净台、钟楼台、鸣鼓台等佛教遗迹，表明这里曾经是丝绸之路沿线上一处规模很大的佛教活动场所。

二、【丝路关联和价值陈述】

水帘洞石窟群造像风格既延续了前代的造像特征，又受到了中亚艺术风格的影响，与周边的天水麦积山石窟及固原须弥山石窟具有相似性。

参考文献：
张黎琼. 北周时期武山水帘洞石窟群研究[D]. 兰州大学.
丝绸之路中国段申遗文本（2009年）.

类型
石窟寺
地点
甘肃省武山县
遗存年代
6—19 世纪
保护地位
全国重点文物保护单位
地理区位
秦岭西北余脉
政权
北周 – 清
丝路关联属性
受到中亚艺术风格和周边其他石窟的影响。

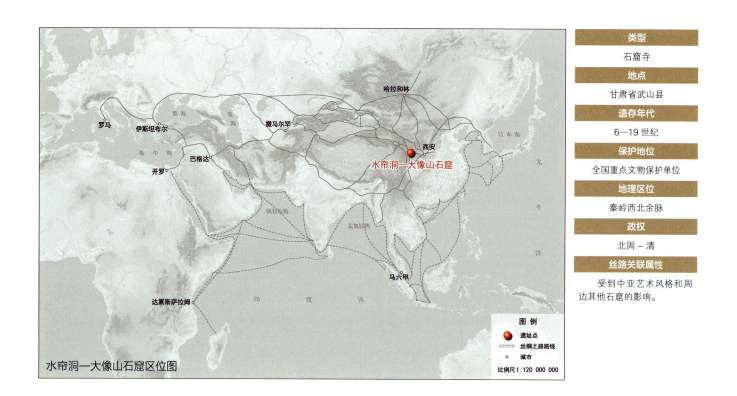

水帘洞—大像山石窟区位图

图16-1 水帘洞石窟外景

图16-2 千佛洞石窟外景

图16-3 拉梢寺石窟第1龛释迦牟尼及二菩萨

图16-4 拉梢寺千佛画

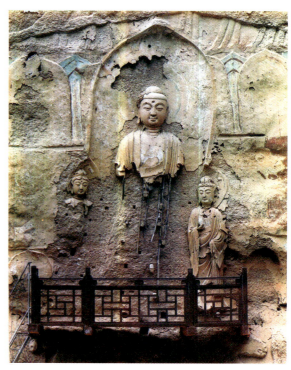

图16-5 拉梢寺石窟第1龛佛座上一佛二菩萨

图16-6 千佛洞石窟第10龛菩萨

南北石窟寺
Southern and Northern Cave Temple Complex

一、【事实性信息】

甘肃庆阳南北石窟寺分北石窟寺、南石窟寺两处。

北石窟寺位于甘肃庆阳市西峰区西峰镇西南 25km 覆钟山崖壁上，包括寺沟、石道坡、花鸨崖、石崖东台楼底村等处，其中以寺沟窟群最集中。创建于北魏永平二年（509年），历经西魏、北周、隋、唐、宋各代开凿，共有窟龛295个，现存造像共2126躯，石刻及墨书题字150余方，是甘肃规模较大的石窟群之一。其中以北魏的165窟规模最大，保存最好。窟高14m，宽21.7m，深15.7m。造像以大佛为主，伴以胁侍、弥勒、普贤、阿修罗及佛传故事等。唐代造像体态丰满，比例匀称，雕刻技巧纯熟，造型优美。

南石窟寺位于甘肃平凉市泾川县东7.5km处泾河北岸，创建于北魏永平三年（510年）。现存洞窟五个，保存较好的有当年奚康生创建的第1窟和唐代开凿的第5窟。第1窟平面呈横长方形的殿堂式佛窟，高11m，宽18m，深13m。窟内大佛高6m，两侧雕弥勒及胁侍菩萨，四坡浮雕佛传故事。造像比例适度，衣饰纹理清晰，是北魏为数不多的有纪年的石窟造像。第四窟的《南石窟寺之碑》记载石窟的开凿和参与的各级官吏。

二、【丝路关联和价值陈述】

在艺术风格上，南北石窟寺较为显著地受到云冈、龙门诸石窟的影响，更多地表现出中原地区的艺术面貌。同时，又受着沿丝绸之路而来的西域艺术风格的一定影响。

参考文献：
张黎琼. 北周时期武山水帘洞石窟群研究[D]. 兰州大学.
丝绸之路中国段申遗文本（2009）.

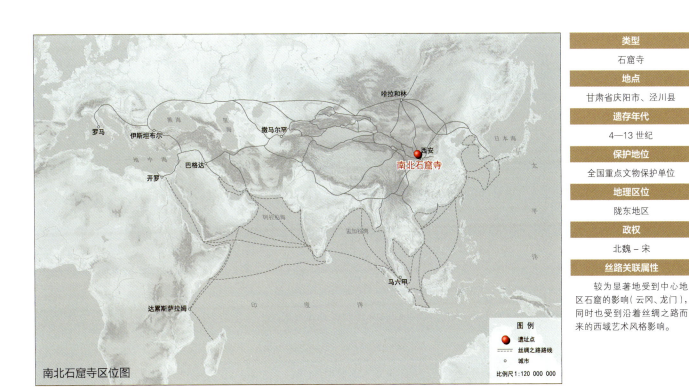

南北石窟寺区位图

类型
石窟寺
地点
甘肃省庆阳市、泾川县
遗存年代
4—13世纪
保护地位
全国重点文物保护单位
地理区位
陇东地区
政权
北魏 - 宋
丝路关联属性
较为显著地受到中心地区石窟的影响（云冈、龙门），同时也受到沿着丝绸之路而来的西域艺术风格影响。

图17-1 南石窟寺1号窟造像

图17-2 北石窟165窟造像

榆林窟
Yulin Cave Temple Complex

一、【事实性信息】

榆林窟位于甘肃酒泉市瓜州县南部、祁连山西端北麓的戈壁河谷中，北距瓜州县城约 70km。榆林窟是公元 7—14 世纪（唐—元代）佛教在中国发展和盛行期间兴建于丝绸之路沙漠路线中国段河西走廊西端的佛教石窟寺，主要兴造者包括唐—元代瓜州地区的地方政权最高统治者，是瓜州境内丝绸之路上最重要的石窟寺之一。榆林窟窟区包括踏实河中游东西两岸崖壁上的洞窟及崖体间河谷地上的寺、塔建筑，窟区南北长约 500m，两岸崖壁相距约 100m、高约 30m。窟内保存有佛教壁画 5200 余平方米。

二、【丝路关联和价值陈述】

榆林窟以精美独特的佛教壁画遗存著名，其历代演变的窟龛形制、窟内的佛教壁画和彩塑以及供奉的佛像，反映出唐—元代佛教艺术风格特征在河西走廊西端的发展演变过程，展现了佛教文化通过丝绸之路、在中国本土与印度、西域、吐蕃间的传播和交流历程，以及河西走廊西端的汉、吐谷浑、回鹘、党项等民族间的持续往来和文化艺术交流。

参考文献：
丝绸之路中国段申遗文本（2009）.

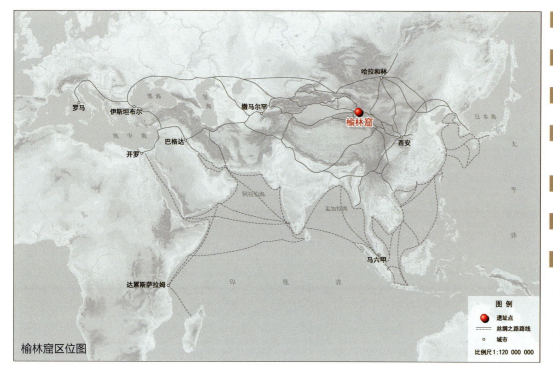

榆林窟区位图

类型
石窟寺
地点
甘肃省瓜州县
遗存年代
7—14 世纪
保护地位
世界遗产预备项目、全国重点文物保护单位
地理区位
河西走廊西端
政权
唐 – 元代
丝路关联属性
见证唐 – 元代佛教文化通过丝绸之路，在中国本土与印度、西域、吐蕃间的传播和交流历程，以及河西走廊西端的汉族、吐谷浑、回鹘、党项等民族间的持续往来和文化艺术交流。

图18-1 榆林窟全貌

图18-2 榆林窟第25窟南壁观无量寿经变中西方净土

图18-3 榆林窟第3窟西壁南侧普贤变（局部）

图18-4　榆林窟第2窟西夏水月观音

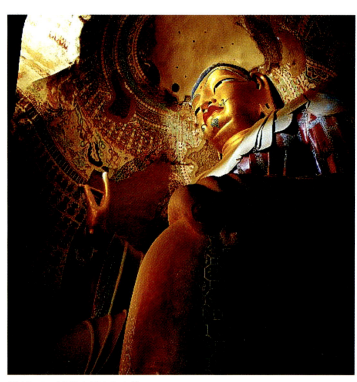

图18-5　榆林窟第6窟大佛

图18-6　榆林窟第3窟西壁南侧普贤变之唐僧取经图

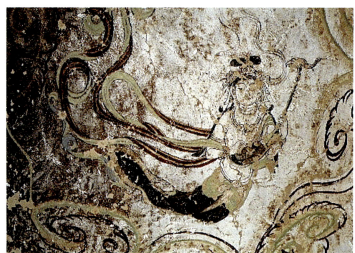

图18-7　榆林窟第15窟前室窟顶南侧飞天伎乐

图18-8　榆林窟出土象牙佛

张掖大佛寺
Great Buddha Temple in Zhangye

一、【事实性信息】

张掖大佛寺位于甘肃省张掖市市区西南隅。张掖古称甘州,自汉代起为丝绸之路在河西走廊中部的必经之地。张掖大佛寺肇始于公元4世纪初两晋、十六国时期的迦叶如来寺,后在西夏永安元年(1098年)重新创建,元、明、清代重修,坐东朝西,平面布局呈长方形,现存建筑有大佛殿、藏经阁和土塔。大佛殿为全寺的主体建筑,始建于西夏崇宗永安元年(1098年),乾隆十年至十二年(1745—1747年)重修,后经过多次维修,至今沿用。殿内塑有释迦牟尼涅槃像,身长34.5m,肩宽7.5m。卧佛后塑十大弟子举哀群像,两侧塑十八罗汉,内有明清壁画共530m^2。土塔古称弥陀千佛塔,始建于西夏时期,为金刚宝座式佛塔,总高32.5m。大佛寺出土的文物有于卧佛腹内发现的铜镜、铜壶、钱币、佛经残片和重修卧佛记事铜牌,以及1970年在金塔殿基下舍利石函内发现的波斯萨珊王朝银币六枚等。

二、【丝路关联和价值陈述】

张掖大佛寺是佛教涅槃宗在河西地区传播的重要寺院,其卧佛等佛教遗存、西夏时期的建筑与遗迹,以及出土的波斯银币是丝绸之路上商贸往来与多元文化交流与融合的有力佐证。公元5世纪涅槃宗创始人天竺(印度)僧人昙无谶、元代意大利的旅行家马可波罗、明代古哈烈国沙哈鲁王使团也曾途经大佛寺,《沙哈鲁遣使中国记》确切记载了大佛寺。

参考文献:
《全国重点文物保护单位》编辑委员会.全国重点文物保护单位[M].北京:文物出版社,2004.

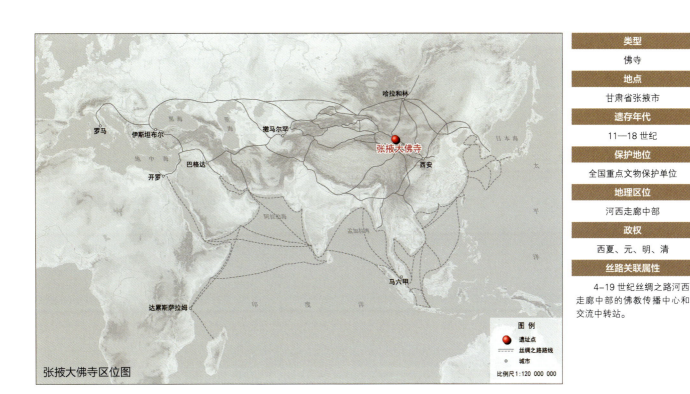

张掖大佛寺区位图

类型
佛寺
地点
甘肃省张掖市
遗存年代
11—18世纪
保护地位
全国重点文物保护单位
地理区位
河西走廊中部
政权
西夏、元、明、清
丝路关联属性
4-19世纪丝绸之路河西走廊中部的佛教传播中心和交流中转站。

图19-1 张掖大佛寺佛殿

图19-2 张掖大佛寺喇嘛塔

中原及周边地区佛教遗迹

法门寺遗址
Famen Temple

一、【事实性信息】

法门寺遗址位于陕西省扶风县法门镇宝塔村,东距西安市110km。法门寺始建于南北朝时期,约有1700多年的历史,是我国境内安置释迦牟尼真身舍利的著名寺院,也是中国古代著名的四大佛教圣地之一。法门寺地宫是佛教舍利崇拜与中国丧葬制度结合所产生的佛塔地宫建筑形式的代表。法门寺遗址面积6.2万m^2,包括法门寺塔、地宫及其他建筑遗址。法门寺地宫位于法门寺塔塔基正中部,呈"甲"字形,面积31.48m^2。法门寺地宫出土了金银器、琉璃器、纺织品、秘色瓷器等丰富的可移动文物。

二、【丝路关联和价值陈述】

地宫出土的珍贵佛指舍利和大量金银器物、琉璃器、纺织品等,显示出与波斯、印度、阿拉伯等国家和地区的密切交流,这为丝绸之路鼎盛时期中西贸易和文化交流的繁荣提供了实物见证。

参考文献:
《全国重点文物保护单位》编辑委员会.全国重点文物保护单位[M].北京:文物出版社,2004.

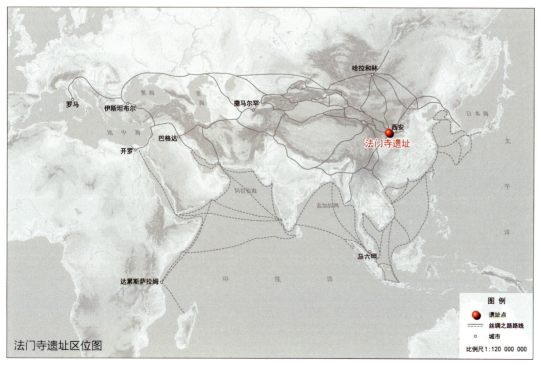

法门寺遗址区位图

类型
佛寺遗址
地点
陕西省扶风县
遗存年代
4—14世纪
保护地位
全国重点文物保护单位
地理区位
河西走廊中原地区中部
政权
南北朝－清
丝路关联属性
见证佛教在中原地区的传播及丝路鼎盛时期中西贸易和文化交流的繁荣。

图20-1 明法门寺真身宝塔崩塌情况

图20-2 法门寺唐代塔基石条边

图20-3 法门寺塔地宫后室遗物放置情况

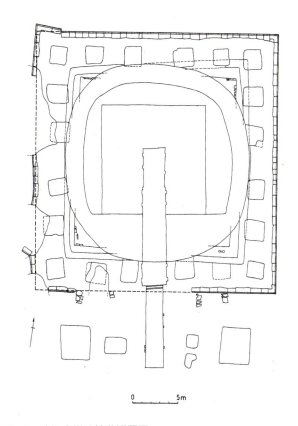

图20-4 法门寺塔遗址发掘平面

图20-5 法门寺塔地宫中室遗物放置情况

图20-6　鎏金银捧真身菩萨

图20-7　鎏金铜浮屠

图20-8　纯金四门塔及佛指舍利

云冈石窟
Yungang Grottoes

一、【事实性信息】

云冈石窟位于山西大同市西 16km 的武周山南麓。始凿于北魏兴安二年 (453 年)，太和年间最盛，工程一直延续到正光年间。石窟依山开凿，东西绵延 1km。现存主要洞窟 53 个，可分为东、中、西三部分，东部 4 个窟，中部 9 个窟，西部 40 个窟，此外还有许多小窟。共计 1100 多个小龛，大小造像 51 000 余尊。石窟大佛最高者 17m，最小者仅几厘米。高僧昙曜主持早期开凿的五个窟（16-20 窟），气魄最为雄伟。第 5 至第 6 窟、第 9 至第 13 窟和五华洞内容丰富多彩，是该石窟艺术的精华。其早期艺术受到西方（中亚、印度等）影响，兼具中国传统风格，造像明显存在中国化的过程。

二、【丝路关联和价值陈述】

云冈石窟代表了 5 世纪至 6 世纪时期中国高超的佛教艺术成就，是佛教沿丝绸之路东传到华北地区的第一个巅峰。其佛教艺术是带有浓郁中亚（指新疆）色彩的凉州风格的再现，体现的西方样式具有多元性，早期雕刻显示出犍陀罗风格、中印度风格和中亚风格，中后期中华传统审美开始凸显。

参考文献：
张焯. 云冈石窟的历史与艺术[J]. 中国文化遗产, 2007(5):8+12-29.

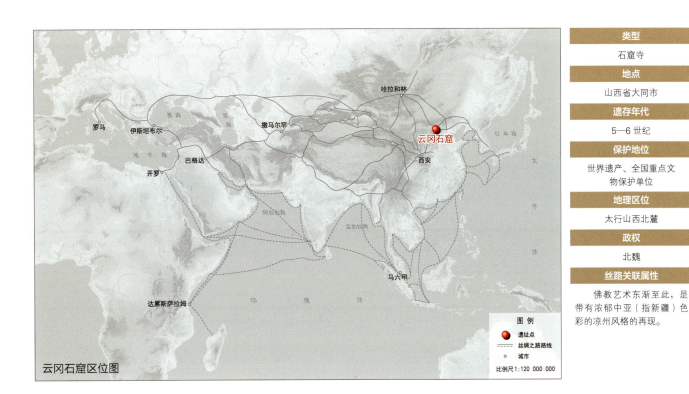

云冈石窟区位图

类型
石窟寺
地点
山西省大同市
遗存年代
5—6 世纪
保护地位
世界遗产、全国重点文物保护单位
地理区位
太行山西北麓
政权
北魏
丝路关联属性
佛教艺术东渐至此，是带有浓郁中亚（指新疆）色彩的凉州风格的再现。

图21-1 云冈石窟全景

图21-2　云冈石窟昙曜五窟

图21-3　云冈第9、10窟

中原及周边地区佛教遗迹 141

图21-4　云冈石窟第13窟大像窟交脚弥勒菩萨像

图21-7　云冈石窟第9窟前室佛龛

图21-5　云冈石窟第20窟造像

图21-8　云冈石窟第12窟门楣雕饰

图21-6　云冈石窟第3号窟造像

图21-9　云冈石窟第6号窟中心柱

龙门石窟
Longmen Grottoes

一、【事实性信息】

龙门石窟位于河南洛阳市南 13km 的伊河两岸西山上。始凿于北魏孝文帝 (493 年) 迁都洛阳前后，历经东西魏、北齐、隋、唐、北宋 400 余年的营造，两山共有窟龛 2100 多个，造像 10 万余尊，题记和碑碣 3600 多品，佛塔 40 余座。代表性洞窟有北魏的古阳洞、宾阳洞、莲花洞，唐代的潜溪寺、万佛洞、奉先寺、看经寺等。丰富多彩的艺术造像，多数有纪年，为研究中国雕刻艺术史提供了准确的年代标准。龙门石窟中的题记和碑刻，如著名的"龙门二十品"和唐代著名书法家褚遂良书写的"伊阙佛龛之碑"等，都是我国书法艺术的珍品。

二、【丝路关联和价值陈述】

龙门石窟位于佛教石窟艺术沿丝绸之路传播的东端，北魏迁都洛阳以来石窟艺术和中原汉文化不断结合，趋于中国化、世俗化，并以龙门为内地中心向四面辐射，其影响远达东亚地区，如日本奈良东大寺卢舍那佛像系效法奉先寺卢舍那佛铸造。

参考文献：
宫大中. 龙门石窟艺术试探[J]. 文物, 1980(1):8-20.

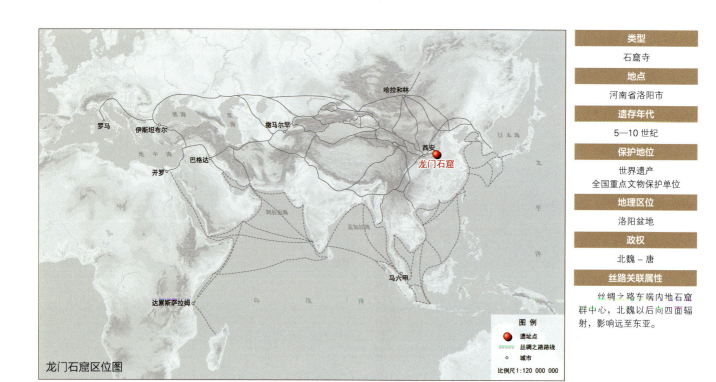

龙门石窟区位图

类型
石窟寺
地点
河南省洛阳市
遗存年代
5—10 世纪
保护地位
世界遗产 全国重点文物保护单位
地理区位
洛阳盆地
政权
北魏 – 唐
丝路关联属性
丝绸之路东端内地石窟群中心，北魏以后向四面辐射，影响远至东亚。

图22-1 龙门石窟

图22-2 奉先寺卢舍那大佛

图22-3 龙门石窟奉先寺

图22-4 龙门石窟奉先寺菩萨造像

图22-5 龙门石窟莲花洞藻井

图22-6 龙门石窟莲花洞外小塔

永宁寺遗址
Site of Yongning Temple

一、【事实性信息】

永宁寺位于河南省洛阳市，是6世纪北魏都城中最重要和规模最大的皇家佛寺，是西方高僧译经传教的主要寺院。经考古勘探和发掘，寺院平面呈长方形，占地总面积约6.4万 m²，为前塔后殿格局，其中，塔基尚存地面遗迹，院墙和其余建筑基址遗存保存于现状地面以下。塔基现以土坯砖包砌方式保护和展示，院落范围与格局现以地表标识方式保护和展示。永宁寺主要遗存包括：四面夯筑围墙基址，周长约1040m；院落中心塔基遗址，平面近1500m²，残高8m；南、东、西墙中部寺门遗迹。遗址出土的泥塑胡人武士头像、玛瑙珠等文物，反映了北魏时期洛阳城中西域各国、各民族人士经由丝绸之路汇聚都城的史实。

二、【丝路关联和价值陈述】

永宁寺遗址是东汉以降佛教自西域经由丝绸之路东传入中原地区后，被中华帝国统治阶级接纳为宗教信仰进而在全社会推广、盛行的代表性佛寺建筑。作为北魏时期中国境内规模最大的佛教建筑遗存，北魏永宁寺遗址及《洛阳伽蓝记》等历史文献记述的东汉至北魏时期洛阳城的其他寺院展现了公元1-6世纪佛教在中原地区的传播。

参考文献：
丝绸之路中国段申遗文本（2009）.

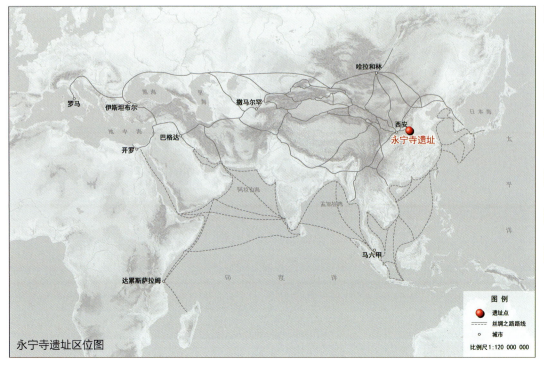

永宁寺遗址区位图

类型
古遗址
地点
河南省洛阳市
遗存年代
6世纪
保护地位
世界遗产 全国重点文物保护单位
地理区位
洛阳盆地
政权
北魏
丝路关联属性
东汉以降佛教自西域经由丝绸之路东传入中原地区后，被中华帝国统治阶级接纳为宗教信仰进而在全社会推广、盛行的代表性佛寺建筑。

图23-1　永宁寺塔一层平面复原图

图23-2　永宁寺塔立面复原图

图23-3　永宁寺塔基遗址

巩县石窟
Gong County Cave Temple Complex

一、【事实性信息】

巩县石窟位于河南巩义市东北 9km 左右的大力山（邙山余脉）南麓，建于北魏熙平二年（517年），以后历代凿窟造像，形成石窟群。

石窟分布崖面为青色细砂岩，约 75m 长，现存 5 窟，南向平列，由西至东编为 1-5 号窟。1-4 号窟为平面方形的中心柱窟，5 号窟为佛殿窟，窟室内边长 3-6.5m 不等，内部四壁、窟顶及中心柱皆布满雕刻。崖面亦分布大型摩崖造像、造像龛、题记、铭刻等，主要包括 3 尊摩崖大像、1 个千佛龛及 328（332）个历代造像龛，造像题记及其他铭刻 186（169）篇。全寺总计造像 7743（7755）余尊。1、3、4、5 号窟及摩崖大像是北魏雕刻，造像龛、题记、铭刻等绝大部分是北魏以后东魏、西魏、北齐、北周、唐、宋、金等各代雕刻，而以唐代雕刻为最多。崖壁上方山头现存唐代砖塔一座。附属文物包括石窟分布区域出土石刻残件、建筑残件，及佛经手稿等遗存。

巩县石窟是北魏迁都洛阳后由皇室兴建的佛教石窟寺，作为中原地区北魏后期风格石窟的典型代表，包含很多罕见题材，是研究北魏文化的重要史料，生动反映了鲜卑民族的文化传统逐渐与汉文化相融合的历史进程。

二、【丝路关联和价值陈述】

北魏雕塑艺术起于大同云冈，继以龙门宾阳洞，终于巩县石窟寺。巩县石窟不仅继承了云冈和龙门石窟艺术，而且受到南朝汉文化的影响，呈现出中国化、世俗化的形象。

参考文献：
吴茂林. 浅析巩县石窟寺的雕刻艺术[J]. 中原文物, 1989(2):67+73-76.
丝绸之路中国段申遗文本（2009）.

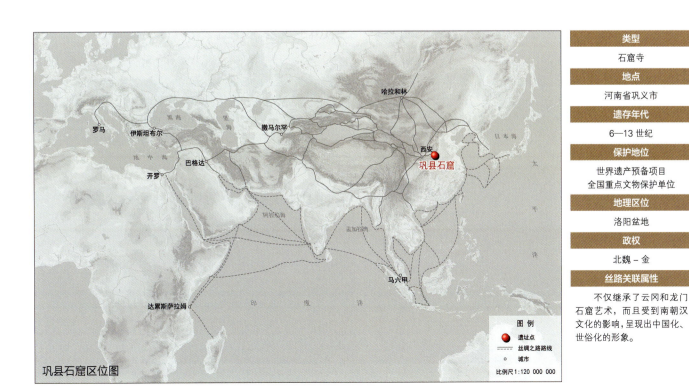

巩县石窟区位图

类型
石窟寺
地点
河南省巩义市
遗存年代
6—13 世纪
保护地位
世界遗产预备项目 全国重点文物保护单位
地理区位
洛阳盆地
政权
北魏 – 金
丝路关联属性
不仅继承了云冈和龙门石窟艺术，而且受到南朝汉文化的影响，呈现出中国化、世俗化的形象。

图24-1　巩县石窟立面局部

图24-2　巩县石窟第2窟外造像

图24-3　巩县石窟第2窟内造像

图24-4　巩县石窟第1窟飞天造像

图24-5　巩县石窟第1窟南壁西部礼佛图上层

嵩岳寺塔
Songyue Temple Pagoda

一、【事实性信息】

嵩岳寺塔位于河南省登封市西北5km太室山南麓的嵩岳寺内。始建于北魏正光元年(520年),为我国现存最早的砖砌佛塔。嵩岳寺塔为15层密檐式佛塔,高39.5m,塔身平面为十二边形。砖塔底层四面辟券门,塔内为空筒式结构。塔身分上下两段:下段模拟木结构殿堂式建筑的基础和开间,上段施叠涩檐十五层。上有石雕塔刹,为唐宋时期补修。

二、【丝路关联和价值陈述】

嵩岳寺塔是中国现存最早的砖砌佛塔,是佛教传入中原地区的早期珍贵见证。其特殊的叠涩式密檐佛塔样式,为北朝时期佛塔典型特征,展现了印度佛教窣堵坡建筑形式传入中国过程中,受到沿途艺术风格影响并再创造的过程。

参考文献:
傅熹年.中国古代建筑史:第二卷 三国、两晋、南北朝、隋唐、五代建筑[M].北京:中国建筑工业出版社,2009.

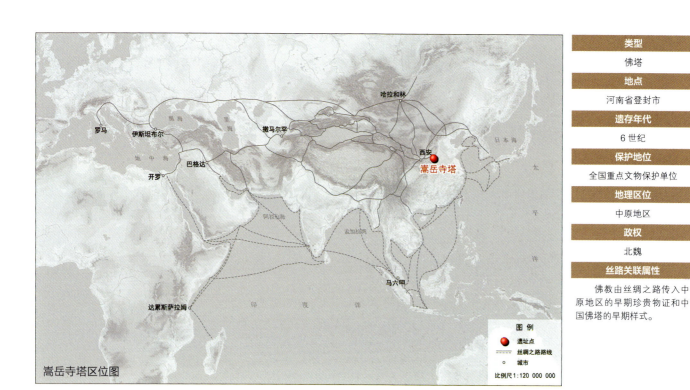

嵩岳寺塔区位图

类型
佛塔
地点
河南省登封市
遗存年代
6世纪
保护地位
全国重点文物保护单位
地理区位
中原地区
政权
北魏
丝路关联属性
佛教由丝绸之路传入中原地区的早期珍贵物证和中国佛塔的早期样式。

中原及周边地区佛教遗迹　151

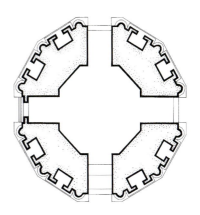

河南登封縣嵩嶽寺塔平面

图25-2　嵩岳寺塔平面图

图25-1　嵩岳寺塔

嵩嶽寺塔立面

图25-3　嵩岳寺塔立面图

天龙山石窟
Tianlongshan Cave Temple Complex

一、【事实性信息】

天龙山石窟位于山西太原市西南约 40km 处的天龙山山腰，分布于东峰、西峰山崖间，时代大体为北朝至唐，可分为东魏、北齐、隋、唐四期。现存 25 座洞窟，自东向西排列。东峰分上下两列，上列 4 窟，下列 8 窟；西峰 13 窟。方向大多坐北朝南。窟室组合有双窟并列、前后室两进、单室。主室平面多为方形。窟内设施以三壁三龛式最多，占一半以上。造像以圆雕为主。北朝造像组合以三壁三佛、单铺一佛二菩萨为主。东魏的造像具有典型的秀骨清像风格。北齐造像则注重身体结构，立体感强，融合了印度造像和中国传统造像两种风格。隋唐造像除延续北朝造像题材外，新增四壁四佛，单铺一佛二弟子、一佛二弟子二菩萨等题材。另外西峰唐代第 9 窟上列雕 8m 高倚坐弥勒佛，下列雕高约 6m 的十一面观世音和文殊、普贤骑狮骑象三尊菩萨像（属新题材）。隋唐造像妍丽、丰腴、优雅和自然的特点在天龙山石窟有充分的表现。

在 20 世纪 20 年代，天龙山石窟遭遇了大规模的盗窃，大部分石窟头像都被盗割一空，现分散在世界各地。

二、【丝路关联和价值陈述】

天龙山石窟唐代造像具有秣陀罗造像特点，是印度样式东传至长安后影响到太原，之后又影响到朝鲜半岛的实证。

参考文献：
李裕群. 丝绸之路与佛教艺术（丝绸之路上的佛教艺术）.
李裕群. 天龙山石窟分期研究[J]. 考古学报, 1992(1):35-62.

类型
石窟寺
地点
山西省太原市
遗存年代
6—10 世纪
保护地位
全国重点文物保护单位
地理区位
太行山西麓
政权
东魏 – 唐
丝路关联属性
唐代两京造像艺术向其他地区传播的实证。

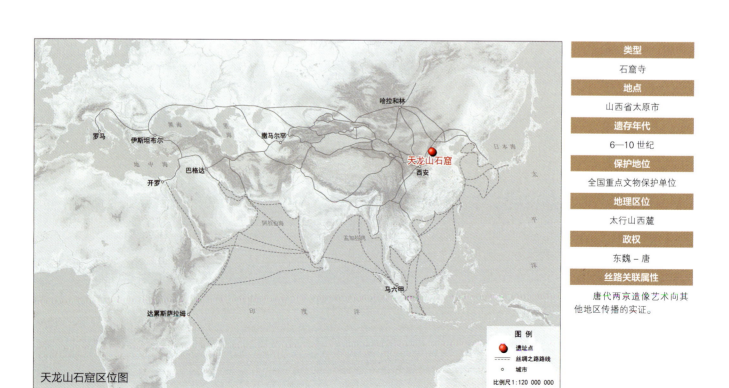

天龙山石窟区位图

图26-1　天龙山石窟全景

图26-2　天龙山第10窟

图26-3　天龙山第2、3窟

图26-4　天龙山第9窟弥勒大像全景

图26-5　天龙山第14窟西壁菩萨残像

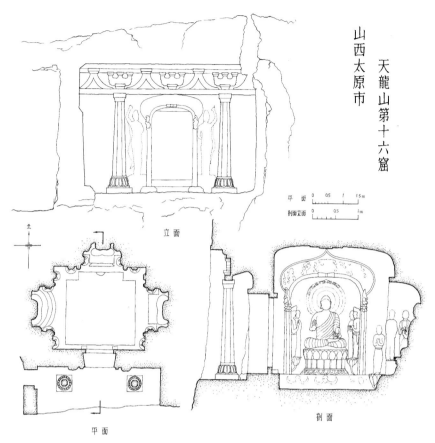

图26-6　天龙山第16窟平面、立面、剖面图

山西太原天龍山第三窟天花及飛天雕刻示意圖

图26-7　天龙山第3窟天花及飞天雕刻示意图

响堂山石窟
Xiangtangshan Cave Temple Complex

一、【事实性信息】

响堂山石窟位于河北邯郸市峰峰矿区，分南北两窟。南窟在西纸坊村北的鼓山南麓，北窟在和村西鼓山之腰，两地相距约15km。始建于北齐（550—577年），隋、唐、宋、元、明历代均有小规模增凿和修葺。南北响堂共有石窟17座，大小造像4000余尊。并有北齐所刻维摩诘经等重要石刻。北齐石窟平面呈方形，平顶，分中心塔柱和三壁开龛式两种，窟内石像造型优美，附属建筑依山而筑，现存有常乐寺遗址和宋代经幢。

二、【丝路关联和价值陈述】

响堂石窟是带有印度原貌的覆钵式塔与中国传统建筑形式相结合形成的佛殿式石窟。其洞窟形式渊源于云冈、龙门，窟外仿木建筑形式是邯郸地区所特有。由北齐时期皇室主持开凿的响堂山塔形窟在当时成为一种模式，影响到其他地区，如安阳灵泉大住圣窟、宝山万佛沟，炳灵寺塔形龛等。

将石窟和经刻融为一体的方式是当时作为国都的邺城周边石窟所独有的形式，和南北朝时期大量经文的传入和翻译应有一定关系。

参考文献：
李裕群. 南响堂石窟新发现窟檐遗迹及龛像[J]. 文物, 1992(5):3-17.
孟繁兴. 南响堂石窟清理记[J]. 文物, 1992(5):18-20+100-102.
赵立春. 响堂山北齐塔形窟述论[J]. 敦煌研究, 1993(2):42-50+131-133.
张鹏林. 邺城地区东魏北齐时期石窟研究[D]. 郑州大学.

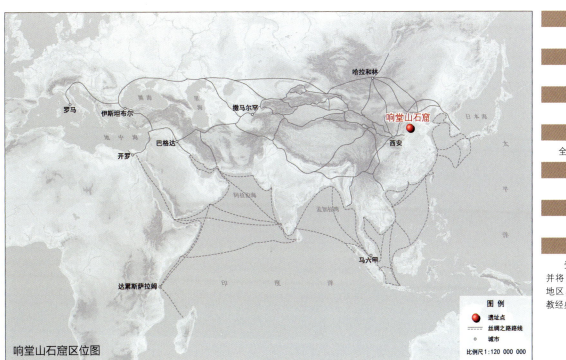

响堂山石窟区位图

类型
石窟寺
地点
河北省邯郸市
遗存年代
6—16世纪
保护地位
全国重点文物保护单位
地理区位
太行山东麓
政权
北齐－明
丝路关联属性
受到云冈、龙门的影响，并将自身塔形窟传播到其他地区，见证了南北朝时期佛教经典的传播。

图27-1　北响堂石窟远景

图27-2　北响堂北洞外景

图27-3　北响堂北洞内景

图27-4　北响堂中洞外景

图27-5　北响堂南洞外龛

图27-6　南响堂第7窟外景

兴教寺塔
Xingjiao Temple Pagodas

一、【事实性信息】

兴教寺塔位于陕西省西安市长安区杜曲镇兴教寺内，地处少陵塬畔。兴教寺西跨院名"慈恩塔院"，院内有玄奘和弟子窥基、圆测墓塔，3座塔呈"品"字形排列。其中玄奘墓塔建于669年（唐代），坐北朝南，方形，共5层，通高约21m，底层边长5.2m，底层北壁嵌唐开成四年（839年）"唐三藏大遍觉法师塔铭"1方，记述了玄奘诞生、出家、受戒、取经和译经的过程。窥基墓塔建于682年（唐代），坐北面南，为方形三层楼阁式砖塔，高6.76m，底层边长2.4m，底层北壁嵌"大慈恩寺大法师基公塔铭并序"碑，二层南壁嵌有"基师塔"砖铭。圆测墓塔建于1115年（宋代），与窥基墓塔形制同，通高7.10m，底层北壁嵌"大周西明寺故大德圆测法师舍利塔铭并序"碑，二层有"测师塔"砖铭。三塔中玄奘墓塔居中，弟子墓塔陪侍左右，形制等级、位置关系主次分明。

二、【丝路关联和价值陈述】

兴教寺塔是佛教传播史上最著名的人物、唐代高僧玄奘法师及其弟子窥基、新罗弟子圆测的舍利墓塔，展现了佛教沿丝绸之路传至长安后的发展及其对朝鲜半岛的影响。其所在的兴教寺为佛教唯识宗重镇，兴教寺三塔即为唯识宗的三位祖师墓塔，在佛教传播史和中印文化交流史上具有重要地位。

参考文献：
中国建筑设计研究院建筑历史所《丝绸之路：起始段和天山廊道的路网》申遗文本（2013）.

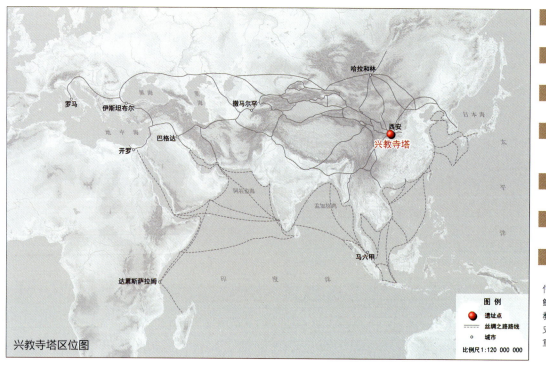

兴教寺塔区位图

类型
古建筑
地点
陕西省西安市
遗存年代
7—9世纪
保护地位
世界遗产 全国重点文物保护单位
地理区位
关中盆地
政权
唐
丝路关联属性
展现了佛教沿丝绸之路传至长安后的发展及其对朝鲜半岛的影响，兴教寺为佛教唯识宗重镇，在佛教传播史和中印文化交流史上具有重要地位。

图28-1 兴教寺三塔

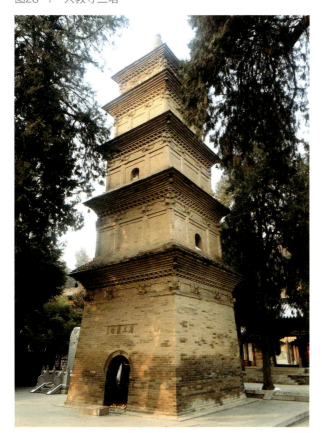

图28-2 玄奘塔

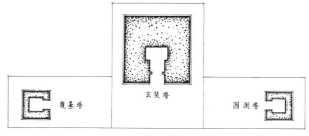

西安市兴教寺玄奘法师墓塔平面

图28-3 兴教寺三塔平面图

图28-4 窥基塔

图28-5 圆测塔

大佛寺石窟
Bin County Cave Temple Complex

一、【事实性信息】

彬县大佛寺石窟位于陕西省彬县城关镇,地处泾河谷地。大佛寺石窟依山凿窟,共有116个石窟,分布于约400m长的砂岩崖面上。石窟始凿于6世纪(南北朝时期)—10世纪(唐代),由中央王朝的帝王倡导大量开凿,至宋元明清尚有维修。有佛龛446处,造像1980余尊,分为大佛窟、千佛洞、罗汉洞、僧房窟、丈八佛窟五类。大佛窟前有砖木结构的五层楼阁,现存建筑为明代嘉靖年间重修,经清代修葺而成,楼高32m,整体轮廓呈方锥状。另有经幢2件、碑刻8通、题记178则,其中唐24则、北宋68则、金2则、元18则、明65则、清1则。

二、【丝路关联和价值陈述】

彬县大佛寺石窟建于7—10世纪,是中原文化鼎盛时期唐代都城长安附近的重要佛教石窟寺。其唐代泥塑大佛为长安及周边地区规模最大,体现了石刻大佛艺术自西域东传及在关中地区的流行。

参考文献:
中国建筑设计研究院建筑历史所《丝绸之路:起始段和天山廊道的路网》申遗文本(2013).

类型
石窟寺
地点
陕西省彬县
遗存年代
7—10世纪
保护地位
世界遗产 全国重点文物保护单位
地理区位
渭北高原
政权
唐代
丝路关联属性
体现了石刻大佛艺术自西域东传及在关中地区的流行。

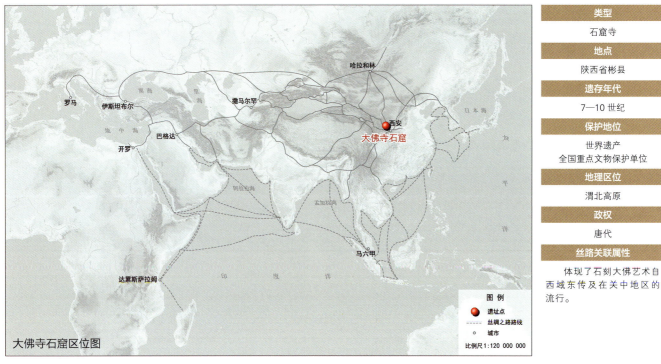

大佛寺石窟区位图

中原及周边地区佛教遗迹 161

图29-1 大佛寺石窟大佛窟观音大势至菩萨造像

图29-2 大佛寺石窟大佛窟观音造像

图29-3 第23号窟（千佛洞）窟室西壁第71龛主佛与胁侍菩萨

图29-4 第20号窟（大佛洞）西壁第21龛

图29-5 日光菩萨

图29-6 大佛寺佛龛造像

图29-7 大佛寺石窟大佛造像

图29-8　大佛寺石窟全貌

图29-9　大佛寺石窟第23窟（千佛洞）

图29-10 大佛窟佛像

鸠摩罗什舍利塔
Kumarajiva Sarira Stupa

一、【事实性信息】

鸠摩罗什舍利塔位于陕西省西安市户县县城东南约20km的草堂营村的草堂寺内，东北距古城西安约35km。鸠摩罗什舍利塔为唐代单层石塔，高2.46m，塔底座呈方形，边长1.69m，塔身八面，高0.54m，边长0.265m。塔身雕出倚柱、板门（正南面）、直棂窗及阑额，正北面双行竖刻"姚秦三藏法师鸠摩罗什舍利塔"。塔顶为四角攒尖式，雕出椽头、屋脊和瓦垄，檐下四面线刻飞天供养图案。鸠摩罗什舍利塔比例匀称，雕刻适度，造型端庄典雅，呈现为唐代艺术风格。

二、【丝路关联和价值陈述】

鸠摩罗什舍利塔所在的草堂寺是公元5世纪龟兹高僧、译经法师鸠摩罗什居处。鸠摩罗什死后葬于草堂寺。鸠摩罗什舍利塔是佛学高僧的重要纪念地，也是佛教沿丝绸之路由西域传入中原的重要物证。

参考文献：
《全国重点文物保护单位》编辑委员会.全国重点文物保护单位[M].北京：文物出版社，2004.

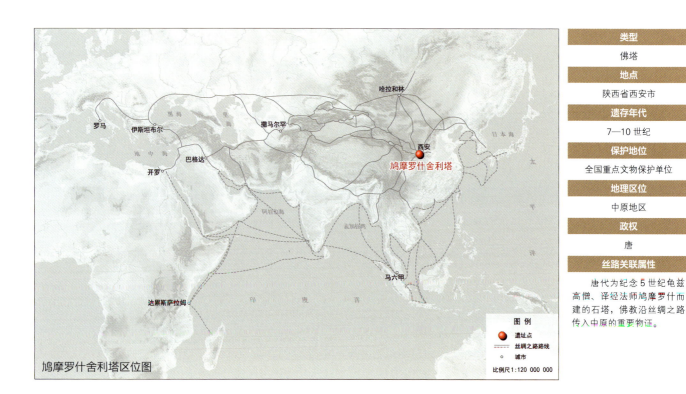

鸠摩罗什舍利塔区位图

类型
佛塔
地点
陕西省西安市
遗存年代
7—10世纪
保护地位
全国重点文物保护单位
地理区位
中原地区
政权
唐
丝路关联属性
唐代为纪念5世纪龟兹高僧、译经法师鸠摩罗什而建的石塔，佛教沿丝绸之路传入中原的重要物证。

图30-1　鸠摩罗什舍利塔

大雁塔
Great Wild Goose Pagoda

一、【事实性信息】

大雁塔位于陕西省西安市雁塔区，即唐长安城遗址南部，又称大慈恩寺塔，始建于652年（唐代），701年重建，经历代维修。现存塔为1604年（明代）修复，为建于方形砖砌塔基之上的七层四方形砖塔。塔基底边长45.5-48.5m、高4.2m，通高64.1m，塔身底层边长25m；四开券洞。大雁塔南门洞两层嵌有唐太宗与唐高宗亲撰之"大唐三藏圣教序"和"大唐三藏圣教序记"两通石碑。

二、【丝路关联和价值陈述】

大雁塔是8世纪为保存玄奘法师由天竺经丝绸之路带回长安的经卷佛像而建。大雁塔作为现存最早、规模最大的唐代四方楼阁式砖塔，是佛塔这一印度佛教建筑形式随着佛教传播而东传入中原地区并中国化的典型物证。其所在的大慈恩寺由唐代皇室敕令修建，是唐长安城内最著名、最宏丽的佛寺，由玄奘法师主持，也是唐代长安三大译经场之一，在佛教传播史上具有重要地位。大雁塔为寺内重要建筑，也是丝绸之路起点城市之一——唐长安城的名胜之地、标志性建筑。其所存石碑"大唐三藏圣教序"和"大唐三藏圣教序记"进一步佐证了大雁塔与丝绸之路佛教传播的历史。

参考文献：
中国建筑设计研究院建筑历史所《丝绸之路：起始段和天山廊道的路网》申遗文本（2013）.

大雁塔区位图

类型
古建筑
地点
陕西省西安市
遗存年代
8世纪
保护地位
世界遗产 全国重点文物保护单位
地理区位
关中盆地
政权
唐
丝路关联属性
是佛教传播史上重要事件的发生地及佛教建筑佛塔由印度传入中国的典型物证。

图31-1 大雁塔

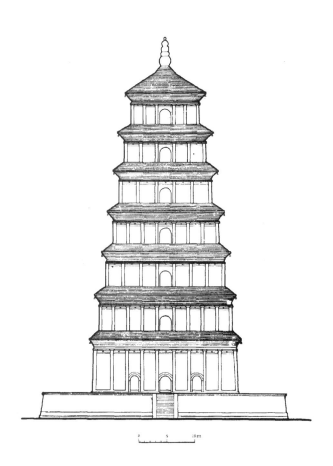

图31-2　大雁塔立面图

图31-3　《大唐三藏圣教碑》碑首拓片

图31-4　《大唐三藏圣教碑》碑身雕刻

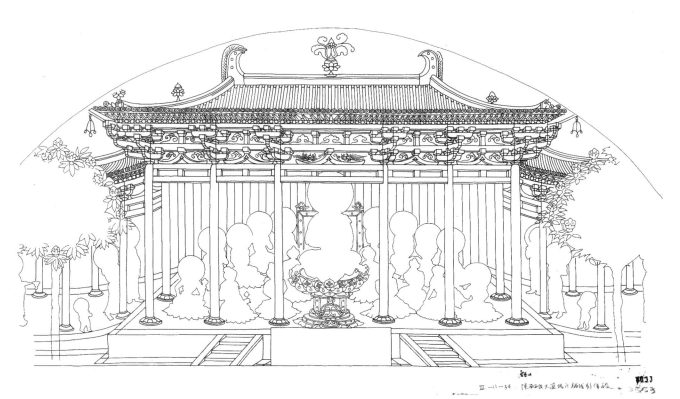

图31-5　大雁塔佛殿门楣线刻

小雁塔
Small Wild Goose Pagoda

一、【事实性信息】

小雁塔位于陕西省西安市雁塔区,始建于707年(唐代),又称荐福寺塔。小雁塔初为15级密檐砖塔,后经多次地震损坏,又多次整修,现存13层,高43.38m,由塔基、塔身和塔顶三部分组成。塔基为方形高台,砖表土心,高3.2m,底边长23.38m,下有地宫;塔身单壁中空,内壁有砖砌登塔蹬道,底层高6.83m,二层以上逐层递减。小雁塔与丝绸之路佛教传播史上的重大事件——唐代高僧义净沿海路西行求法直接关联。义净(635—713年),唐代高僧,中国佛教四大译经家之一。于670—695年间自广州出海,沿海路西行至印度半岛求取佛法。归来后曾在长安荐福寺翻译佛经,并圆寂于此。小雁塔即为保存义净带回的佛教经像而建。

二、【丝路关联和价值陈述】

小雁塔所在的荐福寺是唐代长安三大译经场之一,佐证了佛教自印度东传的历史,也见证了佛教在唐代长安的流行。小雁塔始建于8世纪初并完好保存至今,其密檐砖塔的建筑形式是佛塔这一佛教建筑传入中原地区早期的珍贵例证。

参考文献:
中国建筑设计研究院建筑历史所《丝绸之路:起始段和天山廊道的路网》申遗文本(2013).

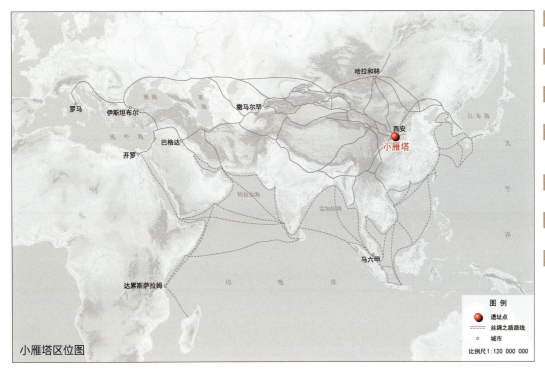

小雁塔区位图

类型
古建筑
地点
陕西省西安市
遗存年代
8世纪
保护地位
世界遗产 全国重点文物保护单位
地理区位
关中盆地
政权
唐
丝路关联属性
小雁塔所在的荐福寺是唐代长安三大译经场之一,佐证了佛教自印度东传的历史,其密檐砖塔的建筑形式是佛塔这一佛教建筑传入中原地区早期的珍贵例证。

图32-1　小雁塔

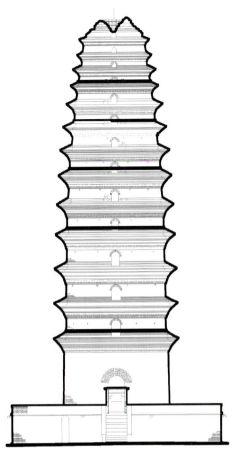

图32-2　小雁塔立面图

图32-3　荐福寺山门

图32-4　小雁塔出土造像残件

图32-5　荐福寺及小雁塔

佛光寺
Foguang Temple

一、【事实性信息】

佛光寺位于山西省五台县城东北 32km 的佛光山中（五台山南台西麓）。寺院位于一处东、南、北三面小山环抱，向西开敞的山坡上。寺内主要轴线为东西方向，依据地形处理成三个平台：第一层平台较宽阔，建有金代建筑文殊殿；第二层平台上是近代建造的次要建筑；第三层平台以高峻的挡土墙砌成，上建正殿（俗称东大殿），东大殿后侧紧邻山体。东南侧有祖师塔。

佛光寺创建于北魏孝文帝时期（471—499 年）。唐武宗于会昌五年（845 年）灭佛，寺宇被毁，仅存六角形祖师塔。唐大中十一年（857 年）重建东大殿，面宽七间，进深四间，单檐四阿顶。殿内佛坛上有唐代彩塑 35 尊，两旁五百罗汉为明代所塑，各间皆有主佛像及供养菩萨等。文殊殿为金代建筑，其余山门、伽蓝殿、万善堂、香风花雨楼及厢房、窑洞等建筑，均为明清重建。寺内还有壁画、石幢、墓塔、汉白玉雕像等。

二、【丝路关联和价值陈述】

佛光寺大殿建于唐大中十一年（857 年）。中国隋唐之际，是佛教的鼎盛时期，寺、刹遍及全国各地，后遇唐武宗会昌五年（845 年）"灭法"，毁掉佛寺四万四千六百余所，木构的殿堂、古塔拆毁殆尽。几年后宣宗继位复佛，复建了部分佛寺，但规模不及盛唐时期。佛光寺大殿和日本唐招提寺金堂对比，其平面布局一致，外观形状相似，斗栱、月梁等构件艺术处理手法、天花做法、板门设置位置（改动前）、前檐廊柱做法等均类似；除此之外，亦有很多不同之处。这两座大殿在形制、风格和结构上的相同之处十分显著，可以作为当时中日两国建筑发展史极为珍贵的实物材料。

参考文献：
张荣. 佛光寺东大殿文物建筑勘察研究[J]. 古建园林技术, 2010(3):31–41.
丁凤平. 略谈我国佛光寺东大殿与日本招提寺金堂之异同[J]. 文物世界, 1992(4):32–35.

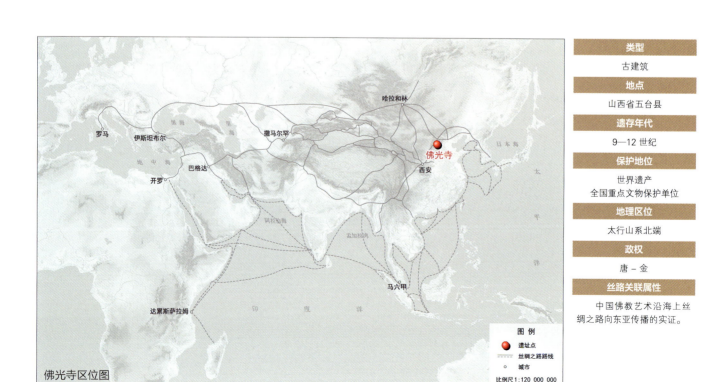

佛光寺区位图

类型
古建筑
地点
山西省五台县
遗存年代
9—12 世纪
保护地位
世界遗产 全国重点文物保护单位
地理区位
太行山系北端
政权
唐 – 金
丝路关联属性
中国佛教艺术沿海上丝绸之路向东亚传播的实证。

图33-1 佛光寺全景鸟瞰

图33-2 佛光寺东大殿

图33-3　东大殿内塑像

图33-4　佛光寺祖师塔

图33-5　唐大中十一年（875年）经幢

中原及周边地区佛教遗迹　175

图33-6　佛光寺大殿立面图

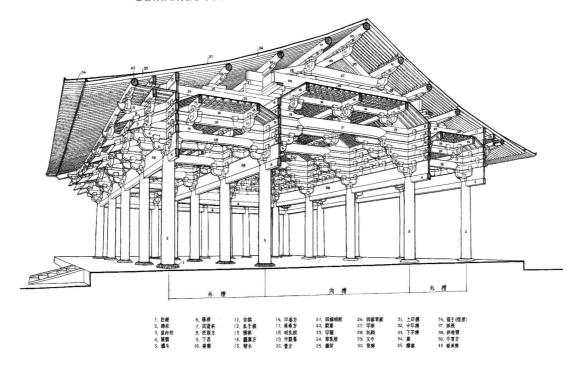

图33-7　佛光寺大殿梁架结构示意图

独乐寺
Dule Temple

一、【事实性信息】

独乐寺位于天津市蓟州区蓟县古城西门内。该寺始建于唐代，现存主体建筑山门和观音阁为辽统和二年(984年)重建，主体院落坐北朝南，长约150m，宽约70m。寺内另有东西配殿、韦驮亭、僧房、行宫等清代建筑。独乐寺山门为庑殿顶，面阔三间，是一座精巧的典型辽代早期建筑。观音阁为单檐歇山顶楼阁建筑，面阔五间，上下两层中间设一暗层，三层通高23m，是国内现存最古老的木构楼阁建筑。阁内十一面观音像高16m，贯通三层，是我国最大泥塑之一。两侧胁侍菩萨和下层四壁彩色壁画，均为辽代艺术珍品。

二、【丝路关联和价值陈述】

独乐寺作为中国现存最早的佛教寺庙之一，反映了公元10世纪前后起源于印度的佛教在中国北方地区的流行和兴盛。其内的十一面大型观音像显示了此阶段流行的佛教宗派和教义的时代特征。

参考文献：
梁思成.蓟县独乐寺观音阁山门考[G].中国营造学社汇刊，第三卷第二期，1932.
宿白.独乐寺观音阁与蓟州玉田韩家[J].文物，1985（7）：32-48.
郭黛姮.中国古代建筑史：第三卷 宋、辽、金、西夏建筑[M].北京：中国建筑工业出版社，2009.

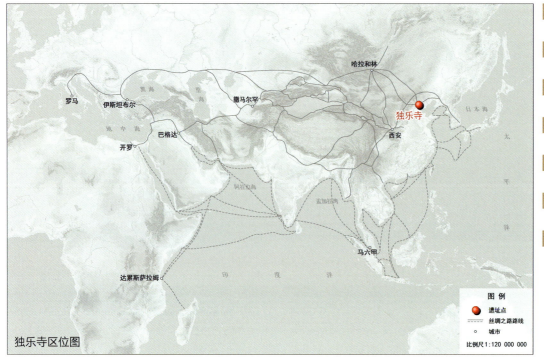

独乐寺区位图

类型
佛寺
地点
天津市蓟州区
遗存年代
10 世纪
保护地位
全国重点文物保护单位
地理区位
中原地区
政权
辽
丝路关联属性
见证了源于印度的佛教10世纪前后在中国北方的流行和兴盛。

中原及周边地区佛教遗迹　177

图34-1　独乐寺山门

图34-2　独乐寺观音阁

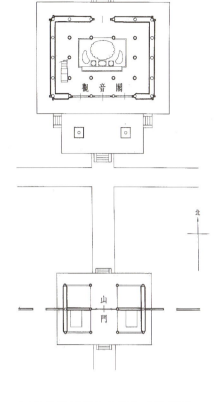

图34-3　独乐寺山门、观音阁平面图

图34-4　观音阁十一面观音

图34-5 观音阁十一面观音及胁侍菩萨

佛宫寺释迦塔
Sakyamuni Pagoda of Fogong Temple (Wooden Pagoda of Ying County)

一、【事实性信息】

佛宫寺释迦塔（应县木塔）位于山西省应县城西北佛宫寺内，原寺已毁。该塔始建于辽清宁二年（1056年），经历代修缮至今，是我国现存最高的单体木构建筑。塔平面呈八角形，底层直径30.27m，建于高4m、直径35.5m的两层石砌台基之上。塔身纯木结构外观五层，内部有暗层四层，实际为九层，总高67.31m。塔身采用内外双层的木框架筒体结构，共使用斗栱54种，充分体现了中国传统木结构的优越性。塔内保存有精美的佛像、壁画等。并在近年维修时发现采药图、手抄本和木版印刷本经卷等珍贵佛教文物。

二、【丝路关联和价值陈述】

佛宫寺释迦塔作为中国现存最高的木结构单体建筑，是中国传统木结构的杰出代表之一，以其楼阁式木塔的建筑形式，见证了佛教艺术沿丝绸之路传入中国后在本土的再创造。

参考文献：
文物出版社编.应县木塔[M].北京：文物出版社，1966.
郭黛姮.中国古代建筑史：第三卷 宋、辽、金、西夏建筑[M].北京：中国建筑工业出版社，2009.

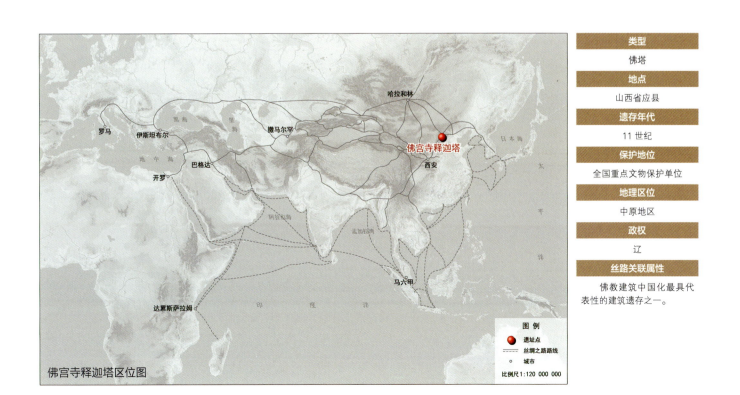

佛宫寺释迦塔区位图

类型
佛塔
地点
山西省应县
遗存年代
11世纪
保护地位
全国重点文物保护单位
地理区位
中原地区
政权
辽
丝路关联属性
佛教建筑中国化最具代表性的建筑遗存之一。

图35-1 佛宫寺释迦塔

图35-2 释迦塔一层佛像

图35-3 释迦塔外檐铺作

图35-4 释迦塔三层塑像

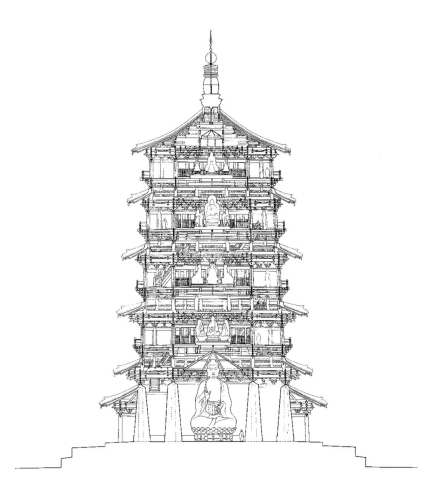

图35-5　佛宫寺释迦塔剖面图

图35-6　四层主像藏琉璃光佛画（应县木塔辽代密藏）

图35-7　四层主像藏《契丹藏》（应县木塔辽代密藏）

华严寺
Huayan Temple

一、【事实性信息】

华严寺位于山西大同市城区西部，始建于辽，明中叶后分为上下二寺。寺内主要建筑坐西朝东，具有辽代契丹民族特征。上寺现有山门、过殿、观音阁、地藏阁及两厢廊庑，其中大雄宝殿为该寺主体建筑，建于金天眷三年（1140年），面阔九间，进深五间，单檐庑殿顶。殿内有明代塑像和清代壁画。下寺以薄迦教藏殿为中心，建于辽重熙七年（1038年），面阔五间，进深四间，单檐歇山顶。殿内有辽代塑像，四壁为楼阁式壁藏，其中西壁为飞桥相连的天宫楼阁，与唐宋时期壁画中呈现的建筑造型印证。寺内还保存有石经幢等文物。

二、【丝路关联和价值陈述】

大同华严寺是保存至今为数不多的辽代佛寺建筑之一，是中国辽代木结构建筑的珍贵遗存。其建筑结构体现了对唐宋木构建筑体系的继承，其坐东向西的格局为契丹民族所特有，共同展现了10-12世纪中国北方地区佛教的兴盛和文化的交流融合。

参考文献：
刘敦桢.中国古代建筑史：第二版[M].北京：中国建筑工业出版社，1984.
郭黛姮.中国古代建筑史：第三卷 宋、辽、金、西夏建筑[M].北京：中国建筑工业出版社，2009.

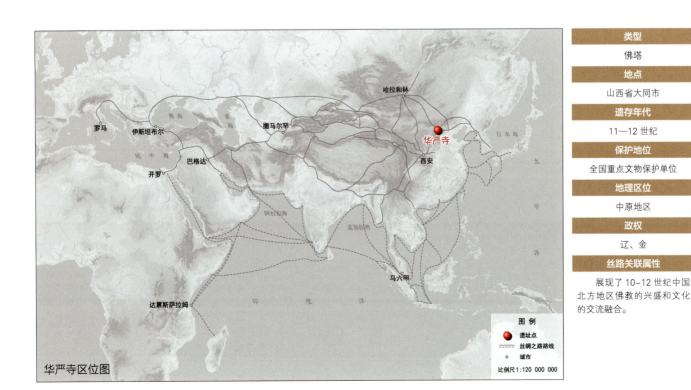

华严寺区位图

类型
佛塔
地点
山西省大同市
遗存年代
11—12 世纪
保护地位
全国重点文物保护单位
地理区位
中原地区
政权
辽、金
丝路关联属性
展现了10-12世纪中国北方地区佛教的兴盛和文化的交流融合。

图36-1　今日华严寺鸟瞰

图36-2　华严寺大殿

图36-3　薄伽教藏殿

图36-4　薄伽教藏殿露齿微笑胁侍菩萨

图36-5　薄迦教藏殿心间塑像

图36-6　薄迦教藏殿壁藏及天宫楼阁

隆兴寺
Longxing Temple

一、【事实性信息】

隆兴寺位于河北省正定县城内，创建于隋开皇六年（586年），经历代修缮，寺庙布局保留了宋代的寺庙布局特征。现存摩尼殿、转轮藏殿、慈氏阁等宋代建筑，是中国现存规模最大、保存最为完好的宋代佛教建筑群之一。摩尼殿始建于北宋皇祐四年（1052年），是中国现存最早的宋代木构之一，殿基近方形，四面各出抱厦，整体造型与现存传世宋画类似。转轮藏殿与慈氏阁亦保留了宋代建筑的特征，均为二层重檐歇山顶建筑，转轮藏殿内保存了现存最早的转轮藏实例，是中国宋代小木作的珍品。此外，寺内还保存了天王殿、戒坛、弥陀殿、康熙御碑亭等历代建筑和泥塑，其中大悲阁内的宋代铜铸四十二臂大悲菩萨像，高22m余，为我国现存最高铜造像之一。

二、【丝路关联和价值陈述】

隆兴寺是目前保存最为完好的规模宏大、等级较高的宋代佛教建筑群之一，见证了宋代社会自上而下对佛教的推崇。其精美的宋代建筑群与雕塑是中国古代建筑与艺术的珍贵遗存，反映了外来的佛教信仰对于中国本土建筑技术与艺术发展的积极作用。

参考文献：
刘敦桢.中国古代建筑史：第二版[M].北京：中国建筑工业出版社，1984.
郭黛姮.中国古代建筑史：第三卷 宋、辽、金、西夏建筑[M].北京：中国建筑工业出版社，2009.

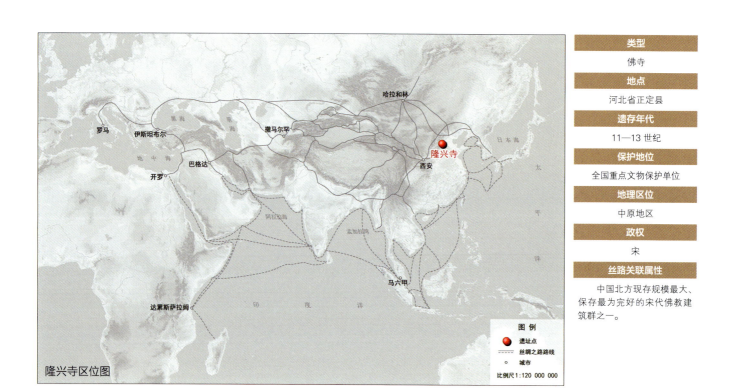

隆兴寺区位图

类型
佛寺
地点
河北省正定县
遗存年代
11—13世纪
保护地位
全国重点文物保护单位
地理区位
中原地区
政权
宋
丝路关联属性
中国北方现存规模最大、保存最为完好的宋代佛教建筑群之一。

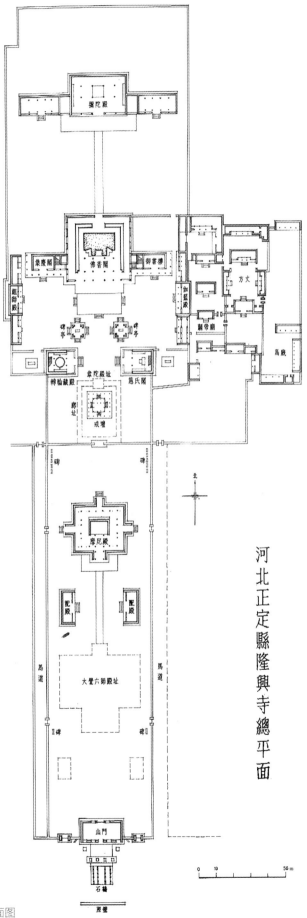

图37-1 隆兴寺总平面图

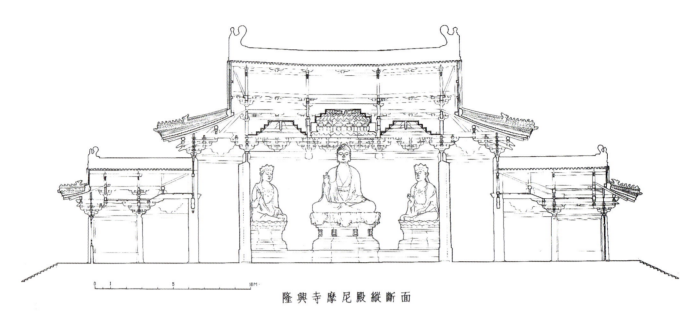

图37-2 隆兴寺摩尼殿剖面图

图37-3 隆兴寺摩尼殿

图37-4　隆兴寺转轮藏殿

图37-5　隆兴寺慈氏阁

白马寺
Baima Temple

一、【事实性信息】

白马寺位于河南省洛阳市白马寺镇，西距洛阳市区约13km。白马寺创建于东汉永平十一年(68年)，为佛教传入我国后兴建的第一座寺院。寺庙经历代修缮，现存格局与规模为明嘉靖三十年(1556年)重修而成，现存主要建筑遗存为金代至清代，面积约4万 m^2。寺内主要建筑有天王殿、大佛殿、大雄殿、接引殿、清凉台和毗卢阁等。殿内有元代夹纻干漆造像三世佛、二天将、十八罗汉以及历代泥塑、经幢、碑刻等。寺东有金大定十五年(1175年)建造的齐云塔，四方形密檐式十三层砖构，高约24m，寺门外有宋代石马二匹。寺内有迦摄摩腾和竺法兰两位天竺僧人墓。

二、【丝路关联和价值陈述】

白马寺是佛教经丝绸之路传入中原地区的第一座官立寺庙，天竺僧人迦摄摩腾和竺法兰曾在此传法并葬于此。白马寺是佛教被中国官方接纳进而在全社会乃至东亚地区传播的标志性佛寺建筑，在东亚地区佛教领域具有广泛的影响力。

参考文献：
《全国重点文物保护单位》编辑委员会. 全国重点文物保护单位[M].北京：文物出版社，2004.
〔北齐〕魏收.魏书·卷一百一十四·释老志十[M].北京：中华书局，1974.

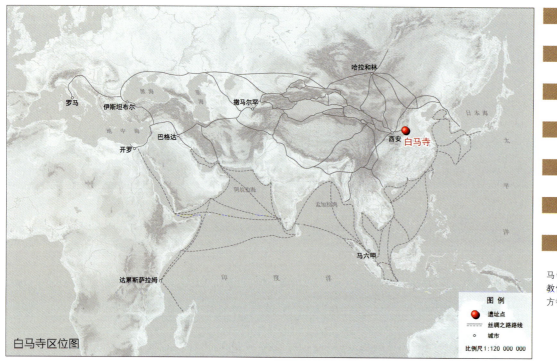

白马寺区位图

类型
佛寺
地点
河南省洛阳市
遗存年代
12—19世纪
保护地位
全国重点文物保护单位
地理区位
中原地区
政权
金－清
丝路关联属性
始创于公元1世纪的白马寺是丝绸之路兴起阶段佛教传入中原地区的第一座官方寺院。

图38-1 白马寺鸟瞰

图38-2 白马寺山门

图38-3　白马寺大殿

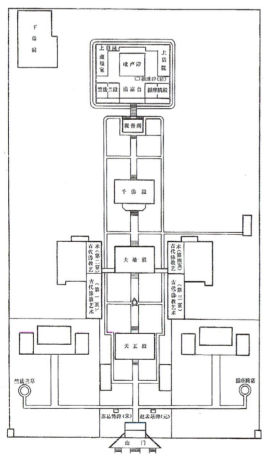

图38-4　白马寺总平面图

图38-5　白马寺齐云塔

妙应寺白塔
White Stupa of Miaoying Temple

一、【事实性信息】

妙应寺白塔位于北京市阜成门内大街北侧的妙应寺塔院内，始建于元至元八年（1271年）。塔院以红墙围成一单独院落，四角各建角亭一座，白塔位于中央偏北。因塔身通体涂白色，俗称白塔。妙应寺白塔为覆钵式塔，是藏传佛教的典型佛塔样式，在外观上最为接近印度佛塔窣堵坡。白塔由台基、塔身、相轮、华盖和塔刹组成，通高51m。台基分三层，下层平面呈方形，中、上层均为平面呈"亚"字形曼陀罗式须弥座，塔身为"覆钵"的变体，呈向下收分的圆柱状，直径18.4m。据载尼泊尔匠师阿尼哥曾参与这一修建工程。妙应寺白塔是现存年代最早、规模最大的元代藏传佛教喇嘛塔。

妙应寺与白塔同年创建，坐北朝南，由山门、钟鼓楼、天王殿、三世佛殿、七世佛殿和塔院等构成。

二、【丝路关联和价值陈述】

妙应寺白塔以其典型的藏传佛教佛塔样式，见证了经由西南路线传入中原地区的藏传佛教在元代的流行。史载尼泊尔匠师参与修建，展现了元代以元大都为中心的丝绸之路文化交流的繁荣。

参考文献：
潘谷西.中国古代建筑史：第四卷 元、明建筑[M].北京：中国建筑工业出版社，2009.

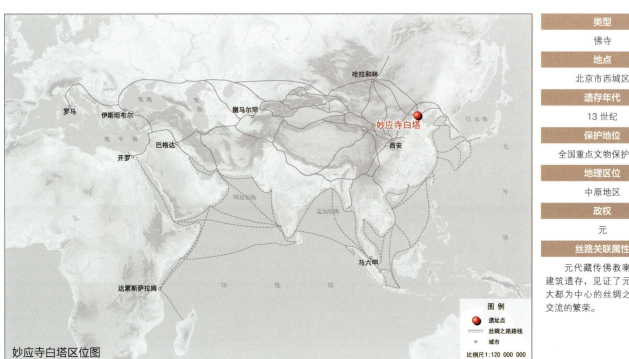
妙应寺白塔区位图

类型
佛寺
地点
北京市西城区
遗存年代
13世纪
保护地位
全国重点文物保护单位
地理区位
中原地区
政权
元
丝路关联属性
元代藏传佛教喇嘛教的建筑遗存，见证了元代以元大都为中心的丝绸之路文化交流的繁荣。

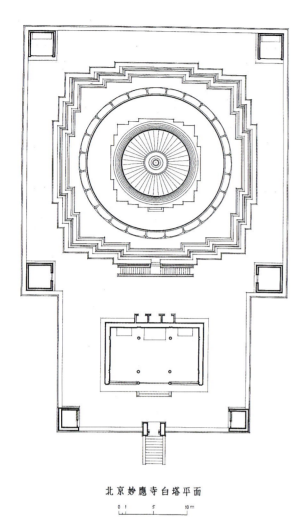

图39-1 妙应寺白塔平面图

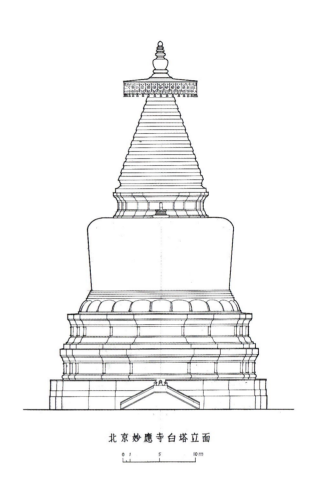

图39-2 妙应寺白塔立面图

图39-3 妙应寺白塔远景

南方地区佛教遗迹

大佛寺石弥勒像和千佛岩造像
Stone Mitreya Statue and Qianfoyan Statues of Dafo Cave Temple

一、【事实性信息】

新昌大佛寺位于浙江省新昌县城西南,在南明山与石城山之间的山谷之中。始建于东晋永和年间(345—350年),已有1600多年的历史,为全国重点寺院之一。

寺院依山而建,正面外观5层,寺内高大雄伟,巨大的弥勒佛石像正面趺坐于大殿正中。这座巨大的石像,雕凿于悬崖绝壁之中,历时约30年才全部雕成,为江南早期石窟造像代表作。佛像高大巍峨、气势磅礴,经测定,石佛座高2.4m,正面趺坐像高13.2m,阔15.9m,两膝相距10.6m,耳长2.7m,两手心向上交置膝间,掌心可容10余人。大佛寺西北约300m处还有一小刹名"千佛院",院内有佛千尊,每尊长约7寸,宽近5寸,排列整齐,个个神采飞逸,充分反映了中国古代工匠的无穷智慧与高超的艺术水平。

二、【丝路关联和价值陈述】

新昌大佛为江南早期石窟造像代表作。这类弥勒佛的信仰在当时盛于南方,但开凿窟龛与雕造大像盛于北方。北方窟像源于西域,新疆以东现存年代明确之最早大型窟像,为北魏平城云冈昙曜五窟,对更晚的大佛寺造像可能有影响。大佛寺造像的形制、做法对中原北方北齐时期的造像亦有一定影响。

参考文献:
宿白. 南朝龛像遗迹初探[J]. 考古学报, 1989(4):3-27+138-139.

大佛寺石弥勒像和千佛岩造像区位图

类型
石刻
地点
浙江省新昌县
遗存年代
5—6世纪
保护地位
全国重点文物保护单位
地理区位
浙闽低山丘陵
政权
南朝齐-梁
丝路关联属性
反映了佛教艺术沿着丝绸之路在不同历史时期由北向南及由南向北的双向流动。

图40-1　大佛寺鸟瞰

图40-2　大佛寺大佛殿

图40-3　大佛寺弥勒造像

图40-4　千佛岩石窟造像

栖霞山千佛崖石窟
Qianfoya Cave Temple of Qixiashan

一、【事实性信息】

千佛崖石窟位于江苏省南京市城东北约 22km 的栖霞山中峰西麓,以栖霞寺舍利塔以东为起点,经三圣殿向东一直到纱帽峰。石窟最早由南朝宋、齐间居士明僧绍和高僧法度共同规划设计,以后历代皆有开凿,以唐代续凿和明代妆銮最多。现存 250 余个窟龛。最大的石窟为南朝时期的大佛阁(即三圣殿),平面呈椭圆形,穹隆顶,圆雕佛像,正壁主像为无量寿坐佛像,连底座高 9.31m,两侧壁为观音和大势至菩萨,各高 6.81m。相邻的次大龛也属南朝时期,平面近椭圆形,主像为释迦、多宝并坐二佛,两侧有二胁侍菩萨。这两个大型窟附近分布众多中小型龛,平面大多为马蹄形,穹隆顶,有三壁环形坛或正壁起坛,造像题材以弥勒佛、阿弥陀佛和千佛为主,时代大都是南朝时期。唐代的龛窟位于南朝诸龛的西北方高处,大多是中小型龛和千佛龛,错落分布,数量很多。

二、【丝路关联和价值陈述】

栖霞山千佛崖石窟是我国南方地区现存南北朝时期最早、规模最大的石窟寺遗址,对于研究我国南北朝时期的佛教传播和信仰状况有重要的意义:南北朝至隋唐时期,南朝艺术风格、造型手法等自南向北一路影响至天水麦积山石窟、敦煌莫高窟等,其传播速度和石窟距离成反比;日本法隆寺金堂壁画所反映出的隋唐风格体现了本时期南朝艺术的发展和延伸。南京栖霞山千佛崖石窟是南北朝-隋唐之际南朝佛教艺术在丝绸之路上向西域、东亚传播的实证。

参考文献:
谢成水. 从栖霞山石窟看南方文化对敦煌艺术的影响[J]. 敦煌研究,2002(5):37-45.

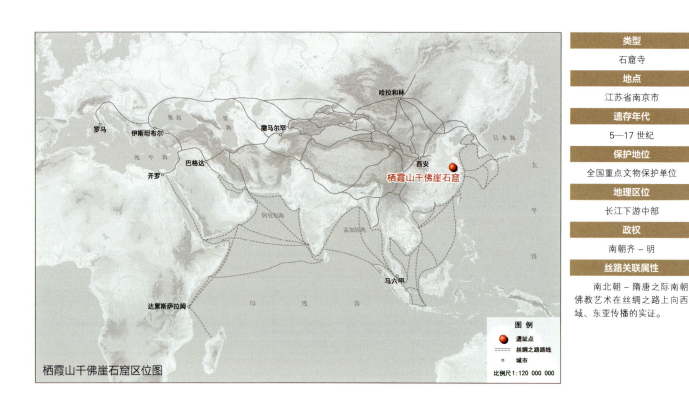

栖霞山千佛崖石窟区位图

类型	石窟寺
地点	江苏省南京市
遗存年代	5—17 世纪
保护地位	全国重点文物保护单位
地理区位	长江下游中部
政权	南朝齐-明
丝路关联属性	南北朝-隋唐之际南朝佛教艺术在丝绸之路上向西域、东亚传播的实证。

图41-1　栖霞山无量殿及左侧诸窟

图41-2　栖霞山舍利塔

江苏南京栖霞寺舍利塔南立面

图41-3　栖霞寺舍利塔立面图

广元千佛崖摩崖造像
Qianfoya Rock Carvings in Guangyuan

一、【事实性信息】

广元千佛崖摩崖造像位于四川省广元市城北 4km 嘉陵江东岸。全崖造像总数，据清咸丰四年 (1854 年) 石刻题记记载有 17000 余躯。1935 年因修川陕公路，毁造像 1/2 以上。现存石刻分布，南北长约 200m，最高处约 40m，共有窟龛 400 余个，造像 7000 余尊。窟龛重叠密布，多者十三层。南北朝、隋、唐、宋、元、明各代相继在此凿建，但以唐代居多，主要洞窟有大佛洞、藏佛洞、睡佛洞等。大佛洞高约 5.4m，为此崖最早洞窟之一。藏佛洞有南朝梁天成 (555 年) 年号。大云古洞外壁有唐开元年间韦抗功德记碑。佛像采用镂空透雕的技法，刻工精美，神态生动，姿态多样。

二、【丝路关联和价值陈述】

佛教石窟艺术主要通过唐代金牛道从隋唐两京地区输入，直接受到两京影响。

参考文献：
姚崇新. 试论广元、巴中两地石窟造像的关系：兼论巴中与敦煌之间的古代交通[J]. 四川文物, 2004(4):65-72.

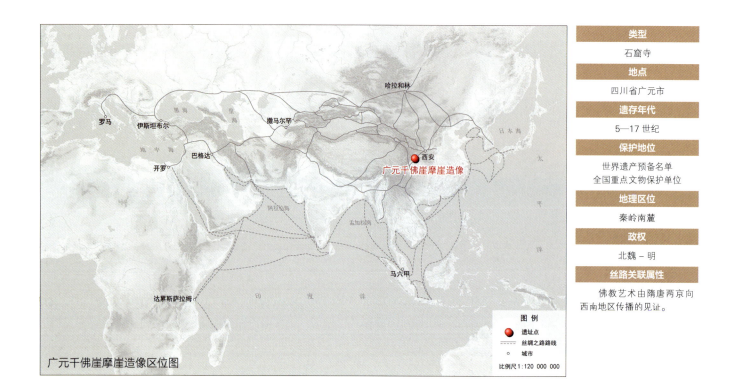

广元千佛崖摩崖造像区位图

类型
石窟寺
地点
四川省广元市
遗存年代
5—17 世纪
保护地位
世界遗产预备名单 全国重点文物保护单位
地理区位
秦岭南麓
政权
北魏 – 明
丝路关联属性
佛教艺术由隋唐两京向西南地区传播的见证。

图42-1　广元千佛崖全景

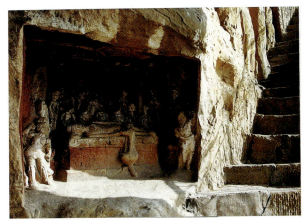

图42-2　广元千佛崖涅槃窟

图42-3　广元千佛崖睡佛龛

图42-4　广元千佛崖造像

大足石刻（宝顶山摩崖造像、北山摩崖造像）
Dazu Rock Carvings (Baodingshan Rock Carvings and Beishan Rock Carvings)

一、【事实性信息】

大足石刻位于重庆市大足区境内，由北山、宝顶山、石篆山三处摩崖造像和多宝塔组成。整体来说，大足石刻问世于晚唐蜀中藩镇争战之时，形成于宋末兵乱之际，明清两代亦续有开凿。其唐宋石窟中共有佛教造像23座。其中密教题材较为引人注目，以北山造像为例，在晚唐－两宋的造像中密教题材各占50%左右。除此之外，大足石刻的内容丰富而庞杂，除了佛教不同宗派题材以外，释道儒三教并存。

北山摩崖造像位于大足区西北2km的北山上，包括佛湾、北塔、观音坡、佛耳崖、营盘坡等处窟龛，以佛湾造像规模最大。唐景福元年昌州刺史，昌、普、渝、合四州都指挥韦靖于此建寨造像，经五代至南宋绍兴年间，历时250余年建成。共有260余窟龛，造像约7000尊，崖高约7m，长约500m。其中以宋代雕刻造像最为精美，造像富于现实感，人物个性鲜明，体态匀称健美，题材多样。多宝塔始建于南宋绍兴十八年至二十五年间（1148—1155年）。塔高33米，为砖石结构密檐楼阁式八角塔。塔内外各级镶嵌石刻高浮雕像140余个，造像记、碑刻70余则。

宝顶山位于大足区龙岗街道东北15km处，摩崖造像开凿于南宋绍兴年间（1131—1162年），为著名的道教石窟。主要洞窟有三清古洞、三圣母洞、龙洞。明正德年间又凿真武祖师洞。造像内容丰富，生动地反映了宋世道教之神系，是研究道教史的实物资料。

石篆山摩崖造像位于大足区龙岗街道西南25km处，开凿于北宋元丰五年至绍圣三年之间（1082—1096年），有珂利帝母、志公和尚、文殊普贤、地藏与十王和儒释道三教合一造像等9龛500余躯。其中，有前代石窟罕见的三教造像。

二、【丝路关联和价值陈述】

大足石刻始于晚唐，其佛教艺术主要受到当时成都地区的影响，而四川的佛教艺术在唐以前并不是很发达，北方佛教艺术在唐中后期对四川地区产生了较大的冲击，通过对敦煌、成都、大足之间佛教艺术的分析和比较，大致可以看出敦煌－中原－成都－大足的佛教文化传播方向。

参考文献：
陈明光. 略论大足石刻在中国石窟史上的地位和作用[J]. 社会科学研究, 1986(4):67–71.
宁强. 大足石刻中的绘画性因素试析：兼谈敦煌艺术对大足石刻的影响[J]. 敦煌研究, 1987(1):23–33+117.

大足石刻（宝顶山摩崖造像、北山摩崖造像）区位图

类型
摩崖石刻
地点
重庆市大足区
遗存年代
9—13世纪
保护地位
世界遗产 全国重点文物保护单位
地理区位
重庆丘陵西部
政权
唐－宋
丝路关联属性
佛教艺术由西域向中原、再由中原向蜀地传播的实物资料。

图43-1　宝顶山摩崖造像观无量经变

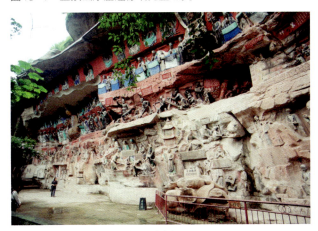

图43-2　宝顶山摩崖造像地狱变相

图43-3　宝顶山摩崖造像涅槃像

图43-4　宝顶山千手观音塑像

图43-5 宝顶山摩崖造像孔雀明王

图43-6 北山摩崖造像136窟玉印观音

图43-7 北山摩崖造像136窟普贤菩萨造像

飞来峰造像
Feilaifeng Rock Carvings

一、【事实性信息】

飞来峰位于杭州西湖北高峰东南,和灵隐寺之间仅隔一条冷泉溪,其本体是一座高169m的石灰岩山峰,长期受地下水侵蚀内部形成了诸多洞壑。石窟造像分布在飞来峰东麓青林洞、玉乳洞和龙泓洞,另外从一线天到壑雷庭之间的峭壁上也有很多造像,共计窟龛102个,造像330余尊。

其中,位于青林洞内的后周广顺元年(951年)造西方三圣龛,是飞来峰有题记的造像中时代最早的一龛;宋代造像200余尊,以咸平三年至六年(1000—1003年)所造小罗汉像数量最多;南宋风格的布袋弥勒造像造型优美,艺术水平很高;元代造像近百,年代自至元十九年(1282年)到至元二十九年(1292年),其中半数为密宗梵像。飞来峰造像弥补了晚唐以来北方和中原地区开始衰落的石窟艺术,其元代造像在国内石窟艺术史上有重要地位。

二、【丝路关联和价值陈述】

见证了藏传佛教传入江南的过程,并在本土化佛教的基础上创造了融合汉藏佛教艺术风格于一体,兼具尼泊尔特色的佛教艺术。

参考文献:
杭州市历史博物馆、杭州市文物考古所编,高念华. 飞来峰造像[M]. 文物出版社,2002.
李裕群. 丝绸之路与佛教艺术(丝绸之路上的佛教艺术).
赖天兵. 杭州飞来峰石窟雕刻的中外艺术交流[J]. 电大教学, 1998(5):22-24.

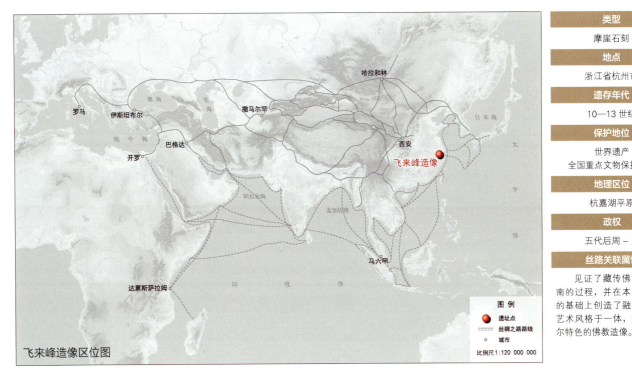

飞来峰造像区位图 比例尺 1:120 000 000

类型
摩崖石刻
地点
浙江省杭州市
遗存年代
10—13世纪
保护地位
世界遗产 全国重点文物保护单位
地理区位
杭嘉湖平原
政权
五代后周 – 元
丝路关联属性
见证了藏传佛教传入江南的过程,并在本土化佛教的基础上创造了融汉藏佛教艺术风格于一体,兼具尼泊尔特色的佛教造像。

图44-1　西湖飞来峰造像局部

图44-2　西湖飞来峰大肚弥勒造像

图44-3　西湖飞来峰造像局部

图44-4　西湖飞来峰造像局部

图44-5　西湖飞来峰造像局部

图44-6　西湖飞来峰造像局部

图44-7　西湖飞来峰造像细部

光孝寺
Guangxiao Temple

一、【事实性信息】

光孝寺位于广东省广州市越秀区，据载为三国时期虞氏舍宅为寺而建，经历代重建更名，自南宋绍兴二十一年(1151年)以"光孝寺"为名沿用至今。光孝寺是佛教在中国岭南地区早期传播所建的重要寺院之一，据载东晋时期罽宾国僧昙摩耶舍在此译经传教，也是唐代佛教禅宗六祖惠能出家修行之处。寺庙现占地面积约3万 m^2，格局坐北朝南，寺内主要建筑有山门、天王殿、钟鼓楼、大雄宝殿、六祖殿、伽蓝殿、睡佛阁，还保存了瘗发塔、东西铁塔、经幢、菩提古树等唐代以来佛教珍贵遗存。其中西铁塔铸于五代南汉大宝六年(963年)，东铁塔铸于大宝十年(967年)，是我国现存年代最早的铁塔。大雄宝殿始建于东晋，经历代维修重修，面阔七间，进深五间，重檐歇山顶，其木构保留了较多的南宋建筑风格。寺内还发现了唐代木雕、碑刻等早期佛教遗物。

二、【丝路关联和价值陈述】

光孝寺是岭南地区规模最大、历史最为悠久的佛教寺庙之一，见证了佛教在岭南地区早期传播和持续兴盛的历史。其与罽宾国僧昙摩耶舍、禅宗六祖惠能相关的遗物遗迹，是丝绸之路宗教文化交流的珍贵物证。

参考文献：
（清）顾光，何淙.光孝寺志[M].广州：广东教育出版社，2015.
《全国重点文物保护单位》编辑委员会.全国重点文物保护单位[M].北京：文物出版社，2004.

类型
佛寺
地点
广东省广州市
遗存年代
10—19世纪
保护地位
全国重点文物保护单位
地理区位
东南沿海
政权
五代–清
丝路关联属性
光孝寺是佛教在岭南地区早期传播所建的重要寺院之一。

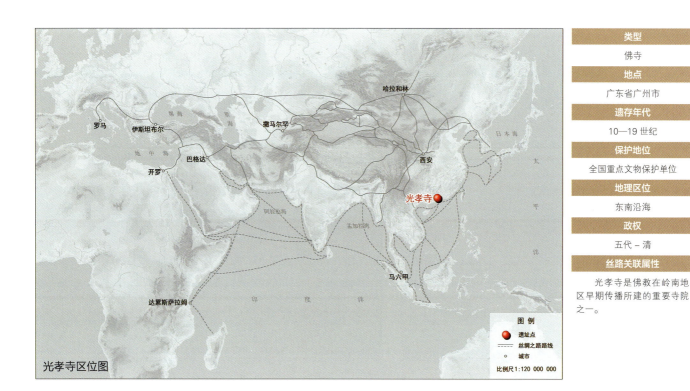

光孝寺区位图

图45-1　光孝寺大殿

图45-2　光孝寺西铁塔

图45-3　光孝寺瘗发塔

华林寺
Hualin Temple

一、【事实性信息】

华林寺位于福建省福州市鼓楼区北隅屏山南麓，创建于 964 年（北宋乾德二年），原名吉祥禅院，1431 年（明宣德六年）重建，1444 年（正统九年）改名华林寺。现存华林寺大殿根据其用材、做法等，保持了诸多初建时的原貌，可认为是公元 964 年始建时的遗存，是长江以南最古老的木构建筑。

华林寺大殿原是面阔三间、进深八架椽的单檐歇山顶建筑，明清时将原大殿面阔三间扩建成面阔七间，并将单檐改为副阶重檐。1986 年迁建时落架重修，去除了清代加建的部分，恢复了原本建筑外观，复建了山门和东西配殿。

二、【丝路关联和价值陈述】

华林寺大殿的构造手法与宁波保国寺大殿有诸多相似之处，且在全国唐宋木构建筑中独具一格，带有显著闽越地方特色。

华林寺大殿等南宋福建厅堂建筑（与北宋区别明显）的做法对日本寺院建筑"大佛样"有着直接的影响，这些建筑的细部手法特点中体现了较高的相似性和源流指向性。由重源所建的日本东大寺南山门、净土寺净土堂等大佛样建筑的细部构造如斗、拱、昂咀、梁的卷杀、蜀柱、椽等均证明大佛样是中国南宋福建地方建筑式样。

参考文献：
傅熹年.福建的几座宋代建筑及其与日本镰仓"大佛样"建筑的关系.建筑学报，1981（4）.

类型
古建筑
地点
福建省福州市
遗存年代
10 世纪
保护地位
全国重点文物保护单位
地理区位
东南沿海
政权
宋
丝路关联属性
见证了宋代南式厅堂建筑技艺经由海上丝绸之路传播至日本的历史。

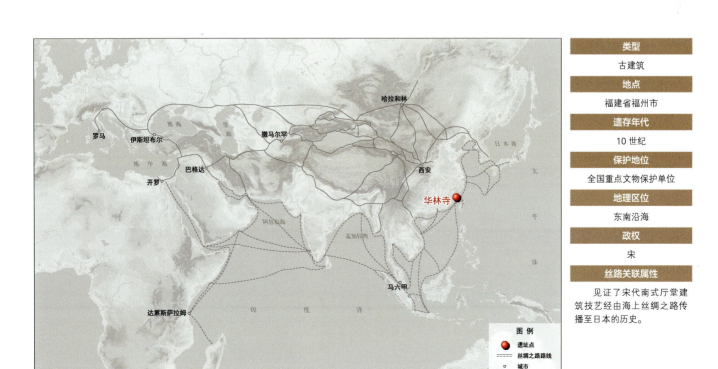

华林寺区位图

图46-1 华林寺大殿

图46-2 华林寺大殿室内梁架

图46-3 华林寺大殿乳栿

保国寺
Baoguo Temple

一、【事实性信息】

保国寺位于浙江省宁波市江北区洪塘镇的灵山之麓，前身是东汉时期的灵山寺。始建于北宋祥符六年（1013年），由最早的仅有佛殿、天王殿，经两宋不断营建形成具有山门、天王殿、大殿、法堂、方丈、祖堂、十六观堂、朝元阁、净土池等的建筑群。现存保国寺内宋代建筑仅有佛殿和净土池，其余无存或原址重建、改为其他殿堂等。天王殿、钟鼓楼、法堂、藏经楼等多为清代重修。

参考以往寺志可知，现存寺院的主轴线除最后一进院落以外，其他基本保持了两宋时期的规模，天王殿、大殿、法堂等依次排列，寺院建筑不局限于中轴线范围，在周围另有零散分布。

大殿本身也在清代进行过改建扩建，宋构仅存上檐以下的构架。大殿柱网面阔七间，进深六间，其中宋代遗物为中间的面阔三间、进深三间的部分，清代于前檐增建两间，后檐增建一间，左右各增建两间，并形成大殿下檐。但从风貌来说，保国寺大殿仍具有显著的宋代南式厅堂特色，斗栱用材制度等与《营造法式》记录的基本一致，是可以印证此书所载官式建筑做法的宋代遗构。

二、【丝路关联和价值陈述】

日本奈良东大寺于公元1182年复建时，由南宋明州（今宁波）匠师陈和卿和日本伊行末合作，建造了这座具有明显宋代南式厅堂特点的寺庙建筑。其中由陈和卿为总负责人的建筑工程有大佛殿、回廊、中门、南大门等，这种式样成为日本"大佛样"[1]建筑之肇始。东大寺、保国寺作为宋代建筑遗构共同证明了当时中日之间广泛的海上建筑技术交流。

---

1 "大佛样"旧称"天竺样"，是12世纪末由日本名僧重源从南宋引进的建筑式样，因为用来重建1180年被毁的奈良东大寺大佛殿，近年日本建筑史家称之为"大佛样"。

参考文献：

郭黛姮.中国古代建筑史：第三卷 宋、辽、金、西夏建筑.北京：中国建筑工业出版社，2009.
路秉杰.日本东大寺复建与中国匠人陈和卿.同济大学学报（人文·社会科学版），1994（2）.
傅熹年.福建的几座宋代建筑及其与日本镰仓"大佛样"建筑的关系.建筑学报，1981（4）.

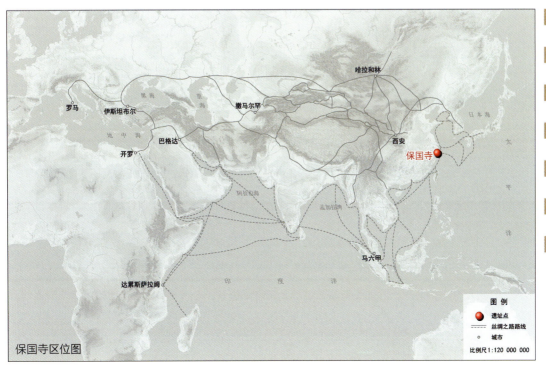

保国寺区位图

类型
古建筑
地点
浙江省宁波市
遗存年代
11世纪
保护地位
全国重点文物保护单位
地理区位
长三角南翼杭州湾以南
政权
宋
丝路关联属性
宋代南式厅堂建筑技艺经由海上丝绸之路传播至日本形成"大佛样"建筑之肇始。

图47-1　保国寺大殿

图47-2　保国寺大殿心间藻井

南方地区佛教遗迹 215

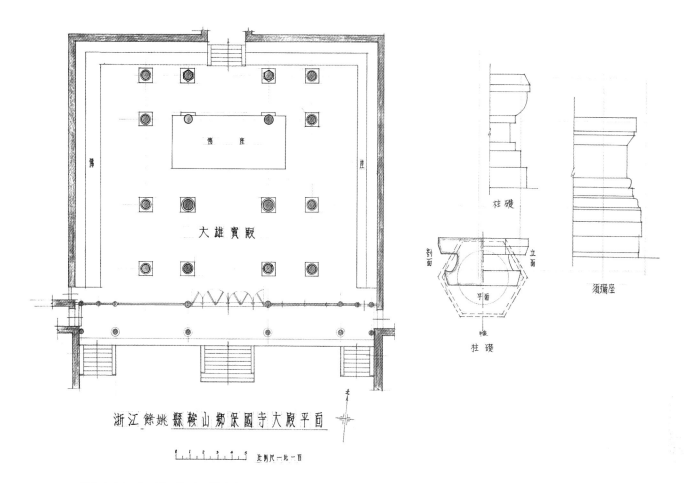

图47-3　保国寺大殿平面图、柱础、须弥座

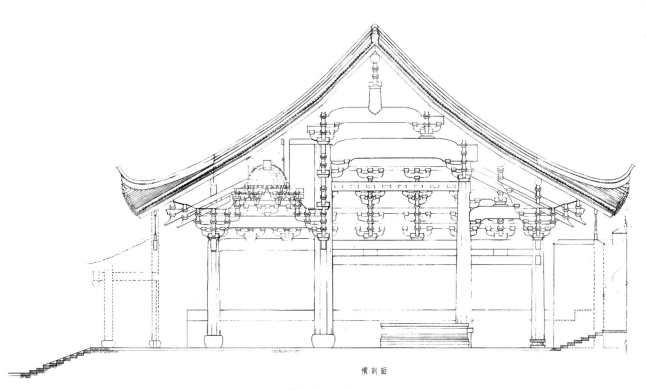

图47-4　保国寺大殿剖面图

开元寺
Kaiyuan Temple

一、【事实性信息】

开元寺位于福建省泉州市西街，始建于唐垂拱二年（686年），为闽南地区最大的佛教寺院，现存遗存为宋代至清代。寺内主要建筑包括天王殿、拜亭、大雄宝殿、戒坛、藏经阁、功德堂和东西石塔等。现存大雄宝殿为明代遗构，面阔九间，进深六间，重檐歇山顶，高约20m。殿内斗栱装饰的二十四尊飞天伎乐，以佛教迦陵频伽为原型，造型特殊，为国内罕见。大殿后廊的两根雕刻石柱为明代修殿时从已毁的元代古印度教寺移来。寺内现存南宋时期的仿木构楼阁式石塔一对，位于大殿东西两侧。西塔名仁寿塔，高45m，东塔名镇国塔，高48m。双塔均为五层，平面为八边形，采用筒体结构，内有石砌中心柱。石塔仿木结构，细节雕刻精致，造型挺拔优美，是中国砖石塔发展高峰时期的代表性遗存之一。

二、【丝路关联和价值陈述】

开元寺位于海上丝绸之路重要国际性大港泉州，见证了佛教在东南沿海地区的兴盛。寺内的南宋仿木石塔、迦陵频伽装饰、印度教石柱等，展现了位于海上丝绸之路前沿丰富的文化与艺术交流。

参考文献：
刘敦桢.中国古代建筑史：第二版[M].北京：中国建筑工业出版社，1984.
郭黛姮.中国古代建筑史：第三卷 宋、辽、金、西夏建筑[M].北京：中国建筑工业出版社，2009.

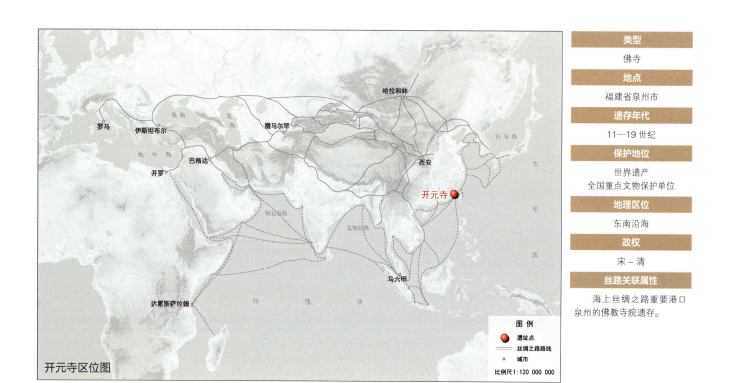

开元寺区位图

类型
佛寺
地点
福建省泉州市
遗存年代
11—19世纪
保护地位
世界遗产 全国重点文物保护单位
地理区位
东南沿海
政权
宋－清
丝路关联属性
海上丝绸之路重要港口泉州的佛教寺院遗存。

图48-1　开元寺大殿

图48-2　开元寺大殿后廊摩尼教石柱

图48-3　开元寺多宝塔

图48-4　开元寺宝箧印经塔

图48-5 开元寺镇国塔远眺

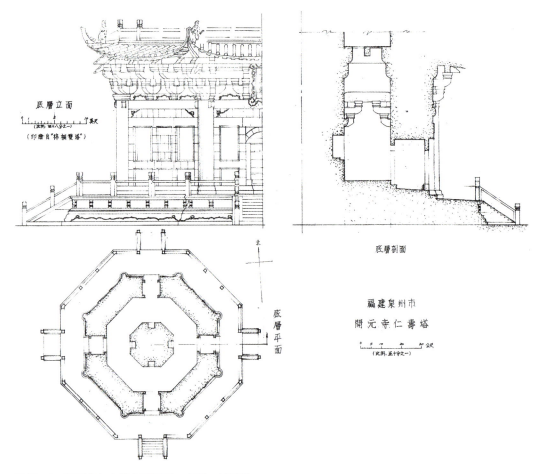

图48-6 开元寺仁寿塔底层平面、立面、剖面图

阿育王寺
King Asoka Temple

一、【事实性信息】

阿育王寺位于浙江省宁波市鄞州区五乡镇宝幢太白山麓华顶峰下，始建于西晋武帝太康三年（282年），是南宋五山十刹禅林体制中的五山第五位。南朝宋元嘉二年（425年）始建寺院，至南宋末，寺内主要建筑有外山门、大权菩萨阁、宸奎、淳熙二阁、舍利殿、法堂、等慈堂、库堂、东西廊等，至元代被毁。元中叶曾有复兴，元至正二十五年（1365年）建现寺西六角七层砖塔，明清多次重修、重建，现存建筑多为清末民初修建。

二、【丝路关联和价值陈述】

阿育王寺是南宋至元代时期中日佛教文化往来交流的见证，其寺庙布局、禅林制度、佛教经典等经由海上丝绸之路传播至日本，对日本禅林制度的建立具有一定的影响。

参考文献：

郭黛姮. 中国古代建筑史：第三卷 宋、辽、金、西夏建筑[M].北京：中国建筑工业出版社，2009.

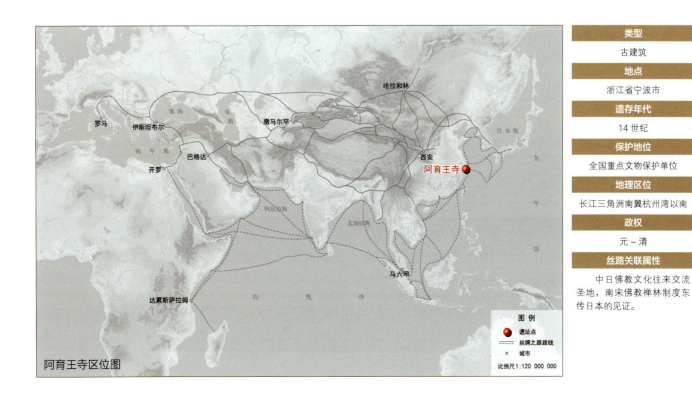

阿育王寺区位图

类型
古建筑
地点
浙江省宁波市
遗存年代
14世纪
保护地位
全国重点文物保护单位
地理区位
长江三角洲南翼杭州湾以南
政权
元－清
丝路关联属性
中日佛教文化往来交流圣地，南宋佛教禅林制度东传日本的见证。

图49-1　阿育王寺天王殿

图49-2　阿育王大雄宝殿

图49-3　阿育王寺多宝塔

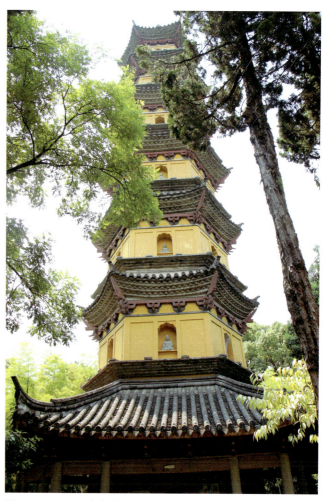

图49-4　阿育王寺东塔

天童寺
Tiantong Temple

一、【事实性信息】

天童寺位于浙江省宁波市东25km的太白山麓，始建于西晋永康元年（300年），南宋时期位列禅林五山十刹体制之五山第三，建炎三年（1129年）曹洞宗高僧宏智正觉入寺，并在之后对天童寺进行了大规模的建设，迎来了天童寺的鼎盛时期。

据成图于南宋淳祐年间的《大宋诸山图》，南宋盛期天童寺的总体布局共分为三部分，沿中轴线分别为山门及两侧钟鼓楼、佛殿、法堂、穿光堂、大光明藏、方丈等；西侧以大僧堂为中心，另有轮藏、照堂、看经堂、妙严堂及其他附属建筑；东侧以库院为中心，并有水陆堂、云水堂、涅槃堂、众寮及附属建筑。此类中轴两侧东西向对称扩展形成的十字形轴线布局是南宋禅宗寺院的理想模式。

二、【丝路关联和价值陈述】

天童寺是南宋时期中日佛教文化交流的圣地之一，作为五山十刹之五山第三，是日本修建佛教寺庙的蓝本，日本临济宗开山祖师荣西及其弟子明全、曹洞宗僧人道元等均在南宋入宋，并到天童寺取经学佛，其中道元回日后在越前创大佛寺，弘扬曹洞宗，其禅林宗风皆取法天童寺，寺院伽蓝按宋时明州（今宁波）天童寺格局建造，呈禅宗寺院布局，"明州式"禅寺成为日本建筑又一种新的布局与样式。

宋元两代前往天童寺参拜的日本僧人络绎不绝，同时，天童寺僧也广渡日本弘传佛教，对日本佛教曹洞宗、临济宗禅林制度等均有影响。

参考文献：

郭黛姮. 中国古代建筑史：第三卷 宋、辽、金、西夏建筑[M]. 北京：中国建筑工业出版社，2009.

林浩. 南宋明州建筑技术传入东瀛探源[J]. 宁波经济（三江论坛），2008-07-20.

(日)中村昭. 日本文化与中国文化特别是唐宋文化的关系[J]. 华东师范大学学报（哲学社会科学版），1991（5）.

类型
古建筑
地点
浙江省宁波市
遗存年代
17世纪
保护地位
全国重点文物保护单位
地理区位
长江三角洲南翼杭州湾以南
政权
明清
丝路关联属性
海上丝绸之路上中日佛教文化交流的胜地，对宋元时期日本禅林制度、佛教宗派的建立具有广泛的影响。

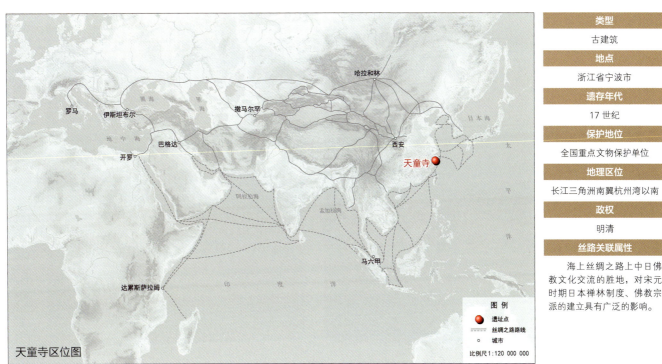

天童寺区位图

图50-1　天童寺局部鸟瞰

图50-2　天童寺佛殿

图50-3　天童寺青龙门

图50-4　天童寺砖石塔

图50-5　天童寺砖石塔

东北地区佛教遗迹

朝阳北塔
Chaoyang North Pagoda

一、【事实性信息】

朝阳北塔位于辽宁省朝阳市北部,其所属延昌寺属于密宗寺院,传承金刚界密法。塔身为方形密檐塔,砖筒结构。下部有一较大的夯土台和砖砌基座。基座之上是砖砌须弥座、塔身、13 层密檐、宝顶,总高 42.6m,是辽初和辽重熙十三年(1044 年)两次在唐塔基础上重修而成,唐塔为辽塔包砌在内,而唐塔又是在北朝建筑基址上建造的,现唐塔夯土垫层中尚存北朝石柱础。辽代重修将原 15 层密檐塔改为 13 层密檐,由瘦高比例变为粗壮造型,修补券门、塔心室,重砌地宫,增建天宫,更名为延昌寺塔。

二、【丝路关联和价值陈述】

朝阳北塔本身的密宗派别及其所处的时代特征说明,在中原地区密教趋于衰微之时,经由青藏地区传入中原的密宗北上在辽国上下得到了大力发展和推行;出土泥塑像明显可以看出当时北魏平城造像式样的影响,这里是佛教东传至高句丽的过程中必经的一站。

参考文献:
郭黛姮. 中国古代建筑史: 第三卷 宋、辽、金、西夏建筑[M]. 北京: 中国建筑工业出版社, 2009.
梁银景. 朝阳北塔出土泥塑像的渊源及奉安场所探讨[J]. 边疆考古研究, 2008(00):259–282.
董高, 张洪波. 辽宁朝阳北塔天宫地宫清理简报[J]. 文物, 1992(7):1–28.

朝阳北塔区位图

类型
古建筑
地点
辽宁省朝阳市
遗存年代
5—11 世纪
保护地位
全国重点文物保护单位
地理区位
蒙古高原向沿海平原过渡地带
政权
北魏 – 辽
丝路关联属性
位于佛教东传至高句丽的路线之上,也是中原文化北传之地。

图51-1　朝阳北塔

图51-2 出土金盖玛瑙舍利罐

图51-3 出土金舍利塔

图51-4 出土经塔

图51-5 出土七宝塔

奉国寺
Fengguo Temple

一、【事实性信息】

奉国寺位于辽宁省锦州市义县，建于辽开泰九年（1020年），初名咸熙寺。后来在元、明、清时期多次维修或部分重建，现仅大雄宝殿是辽代建筑，其余皆明清所建。

根据元至正十五年（1355年）《大奉国寺庄田记》碑所载可知，当时寺院总体分成宗教崇祀区，僧人生活区，寺北北院子十二处为一区，寺西浴房为一区，南街长安店一区，仓后园子一区，菜园一处，共七个分区。其中宗教崇祀区居于中央，其他围绕在崇祀区周围，形成一个相对独立的自给自足的社区。除此以外，奉国寺还有若干附属寺院和产业。

辽代奉国寺核心区域崇祀区的建筑格局，根据各代寺院碑文可知，大致是沿南北向轴线展开，以大雄宝殿为核心，殿后为法堂，殿前自西向东分别为弥陀阁、观音阁、三乘阁，另大殿两侧环绕有塑像的围廊。大殿又名七佛殿，坐北朝南，单檐歇山顶，面阔九间，进深十架椽。

二、【丝路关联和价值陈述】

奉国寺大殿建筑整体风格和技术承袭唐代做法，是中原文化向周边国家传播的实例；壁画内容中的辽代纹饰明显受到了敦煌和新疆地区的影响，从侧面证明了辽代佛教艺术与回鹘和敦煌存在着密切的关系。这种多角度、多方面的影响下建造的奉国寺大殿，是中原、西域等地多元文化以丝绸之路为纽带向其他文化区域辐射的实证。

参考文献：

郭黛姮. 中国古代建筑史：第三卷 宋、辽、金、西夏建筑[M]. 北京：中国建筑工业出版社，2009.
白鑫. 辽宁义县奉国寺大雄殿建筑彩画纹饰研究[J]. 美术大观，2019(8).
（美）葛雾莲. 榆林窟回鹘画像及回鹘萧氏对辽朝佛教艺术的影响[J].
杨富学. 回鹘佛教对北方诸族的影响[J].
杨富学. 辽镏金双龙冠之佛学旨趣：兼论辽与敦煌之历史文化关系[J].

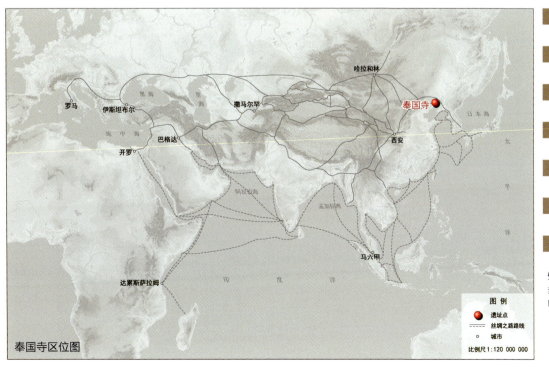

奉国寺区位图

类型
古建筑
地点
辽宁省锦州市
遗存年代
11—18 世纪
保护地位
全国重点文物保护单位
地理区位
医巫闾山西麓
政权
辽 – 清
丝路关联属性
奉国寺大殿建筑技艺和壁画等遗存是中原、西域等地多元文化以丝绸之路为纽带向其他文化区域辐射的实证。

图52-1　奉国寺鸟瞰

图52-2　奉国寺轴线建筑组群

图52-3　奉国寺大雄宝殿

图52-4　奉国寺大殿七佛

蒙古高原佛教遗迹

阿尔寨石窟
Arjai Caves

一、【事实性信息】

阿尔寨石窟位于内蒙古鄂尔多斯鄂托克旗阿尔巴斯苏木北端，是一座高约80m、东西长约300m的平顶桌形巨岩，石窟集中分布在30～40m处。山顶平坦处有6处建筑群遗迹。

关于阿尔寨石窟的修凿年代，学界基本认为是始于西夏（另一说始于北魏），盛于元代，明代衰落。

从阿尔寨岩石东南角以顺时针方向编号围绕一圈，共计54窟，43窟保存完整。诸石窟近似正方形，均为单间式，窟中正墙多开凿有椭圆形佛龛，洞窟大小不等；部分窟内有壁画，现存面积共计1000m^2，以西夏至蒙元的壁画最为典型，题材主要是藏传佛教内容，还有许多蒙古贵族礼佛图、祭祀图等。

二、【丝路关联和价值陈述】

阿尔寨石窟是蒙古地区大型石窟代表，同时，它是鄂尔多斯高原和河套地区过渡地带的交通枢纽，位于草原丝绸之路连接中原与蒙古高原的必经之路上，与佛教北传至西夏、藏传佛教在蒙古高原的传播、元帝国的建立等具有密切的时空关联。

参考文献：

丹森, 布仁巴图, 巴图吉日嘎拉. 阿尔寨石窟佛教文化遗址概述[J]. 内蒙古社会科学(汉文版)，1991(3):87-91.

王大方. 中国北方草原石窟群："阿尔寨石窟专家论证会"回顾[J]. 内蒙古文物考古，2010(2).

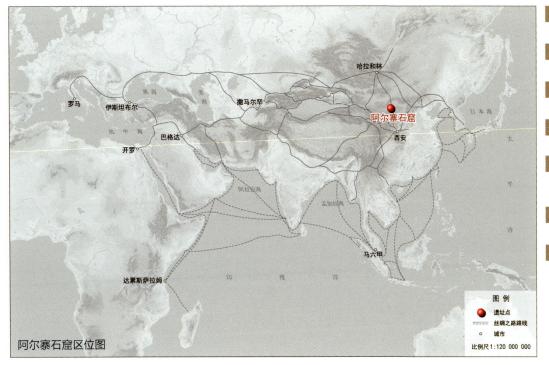

阿尔寨石窟区位图

类型
石窟寺
地点
内蒙古鄂尔多斯市
遗存年代
—
保护地位
全国重点文物保护单位
地理区位
鄂尔多斯高原与河套地区交界处
政权
西夏－元
丝路关联属性
佛教传播至蒙古高原的早期遗存实例，见证了草原丝绸之路在文化传播过程中的作用和意义。

图53-1　阿尔寨石窟全景

美岱召
Meidaizhao Lamasery (Maitreya Lamasery)

一、【事实性信息】

美岱召，谐音麦达力召，位于内蒙古自治区包头市土默特右旗大青山南麓。始建于明万历三年（1575年），时称灵觉寺，万历三十年（1602年）四世达赖入藏，后特派麦达力呼图克图驻锡于此，遂名麦达力召。其前身是作为土默特蒙古统治中心的大板升城，后因明代区域中心东移至归化城（呼和浩特），大板升城改建为佛寺。

整体布局为方形城堡围绕召寺，城堡南面正中辟门，名为泰和，城内主要建筑是大雄宝殿、三佛阁和东侧的太后庙。

大雄宝殿前建面阔三间、进深二间的门廊，廊后是面阔、进深各七间的经堂，经堂后是面阔、进深各五间、外绕围廊的佛堂。经堂东北、西北两隅有小门与佛堂外围廊相通。经堂、佛堂内绘有壁画，虽经后世重描，但基本保存了以前的构图。三佛阁位于大雄宝殿后，是面阔、进深各三间的三层楼阁式佛阁，下两层外绕围廊，阁内有壁画。大雄宝殿与三佛阁均采用减柱造，檐下斗栱为明制，方向一致，同处一条轴线。太后庙位于方城内东侧，面阔、进深各三间，外绕围廊，减柱造，外檐斗栱明制。大雄宝殿西南侧建有护法堂（乃迥庙），二层方形藏式小楼。

二、【丝路关联和价值陈述】

三佛阁和太后庙为纯汉式建筑；大雄宝殿经堂后壁两隅设门与佛堂围廊相通，保持沿佛堂外壁左绕礼拜制度（始于西藏桑耶寺乌策大殿和乃东赞塘玉意拉康）；乃迥庙采用18世纪以来西藏格鲁寺院小型殿堂常用的形制。从佛殿建筑格局和壁画题材及内容来看，美岱召在早期（明代）主要受到中原文化（汉式建筑、永乐宫、敦煌等地壁画等）的影响，清代格鲁派为清廷大力推广之时又受到西藏地区的影响，但无论是哪种影响，其传播都是通过丝绸之路由南向北到达蒙古高原的。

参考文献：

宿白. 呼和浩特及其附近几座召庙殿堂布局的初步探讨[J]. 文物, 1994(4):53–61.
姚桂轩. 塞北城寺美岱召考[J]. 内蒙古社会科学, 1988(3):49–51.
常喆. 永乐宫和敦煌壁画对美岱召壁画的影响[J]. 设计艺术研究, 2019(5).

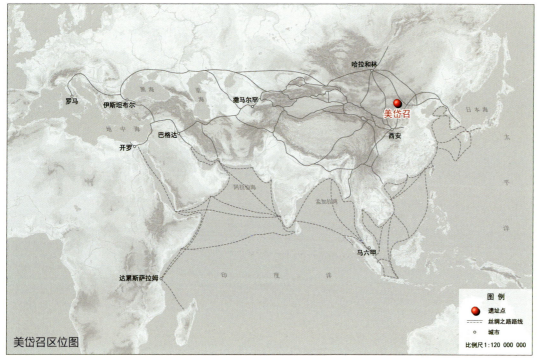

美岱召区位图

类型
古建筑
地点
内蒙古包头市
遗存年代
16世纪
保护地位
全国重点文物保护单位
地理区位
蒙古高原大青山南麓
政权
明
丝路关联属性
密宗在蒙古的弘法中心，明清之际受到北上中原文化、藏传佛教的深刻影响。

图54-1　美岱召三佛阁

图54-2　美岱召大雄宝殿

图54-3　美岱召太后庙

图54-4　美岱召乃迥庙

图54-5　美岱召泰和门

大召
Dazhao Lamasery

一、【事实性信息】

大召位于内蒙古呼和浩特市玉泉区大召前街,始建于明万历七年(1579年),当时位于万历三年(1575年)俺答汗所建归化城的南部。

大召的主要殿堂是沿中轴线分布的经堂、大殿、佛堂,西巷西侧是护法堂(乃迥庙)。

大殿面阔七间,大殿前的经堂进深八间,减柱造;大殿后部紧接经堂的佛堂面阔、进深各五间,减柱造,外侧建围廊一圈,南面围廊与经堂后壁连建,东北隅辟小门,通向东面围廊。大殿经堂、佛堂檐下斗栱和平板枋、额枋做法、减柱造等皆为明式。

二、【丝路关联和价值陈述】

大召大殿前经堂、后佛堂,且经堂和佛堂围廊之间设门相通,保存沿佛堂外壁左绕礼拜的制度,此制度始于桑耶寺乌策大殿和赞塘玉意拉康;大召的乃迥庙采用经堂和佛堂连建的形式,与哲蚌寺阿巴扎仓大殿颇为相似。大召建筑营建既有藏式建筑的平顶、外石内木结构,又有汉式建筑的柱网结构和构件做法,殿堂布局同时受到藏传佛教青藏地区的影响。壁画内容亦为蒙、汉、藏三地题材和内容的集成者。

参考文献:
宿白. 呼和浩特及其附近几座召庙殿堂布局的初步探讨[J]. 文物, 1994(4):53-61.
奇洁. 内蒙古大召寺乃琼庙佛殿壁画研究[D]. 首都师范大学.

类型
古建筑
地点
内蒙古呼和浩特市
遗存年代
16世纪
保护地位
全国重点文物保护单位
地理区位
大青山南麓
政权
明
丝路关联属性
内蒙古地区最早建成的一座藏传佛教寺庙,受到中原和青藏地区的多元影响。

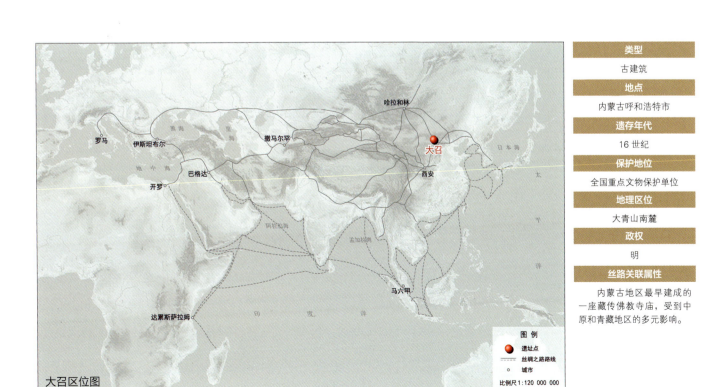

大召区位图

图55-1　大召前殿

图55-2　大召全景

图55-3　大召大经堂

图55-4 大召大经堂后佛殿

图55-5 大召西院小经堂

青藏高原佛教遗迹

大昭寺
Jokhang Lamasery

一、【事实性信息】

大昭寺，又名"祖拉康""觉康"（藏语意为佛殿），古称惹娑下殿，位于西藏拉萨市城关区八廓西街，是藏传佛教地区中心寺院和圣地，拉萨老城建造以大昭寺为中心，城市名亦由大昭寺名而来。

大昭寺坐东朝西，是历代吐蕃赞布弘法的主要场所，始建于公元7世纪，841年因朗达玛灭佛被破坏，现存主体除主殿（觉康）外其他多为公元11世纪以后不断增建扩建而成。主要建筑有觉康主殿，初建时为一座内院式两层平顶碉房，围绕内院上下布置门楼和佛殿；东面佛殿三间，分别供奉阿弥陀佛、不动佛和弥勒佛；南北两边的佛殿供奉不动金刚和观音等；西边门殿两侧佛殿供奉七世佛等。在后来修建时，主殿的不动佛殿向东推移并扩建形成了释迦牟尼殿，并增建了第三层。

二、【丝路关联和价值陈述】

大昭寺觉康佛殿的平面形制来源于印度佛寺建筑中的毘诃罗，而其建造过程中多地工匠共同参与，虽然经过了后世的不断改建，但仍然在一定程度上保留了当时的做法，是一座融合了吐蕃时期藏、唐、尼泊尔、印度等多地风格的藏式宗教建筑典范。

具体来说，大昭寺早期觉康的选址受到中原地区堪舆的影响，建筑的构件做法（人字叉手、蜀柱、斗栱等）、金顶等亦是汉式建筑营造技艺的体现；平面布局受印度毘诃罗形式影响；建筑装饰题材、形象等兼具印度、尼泊尔等地的艺术特色。

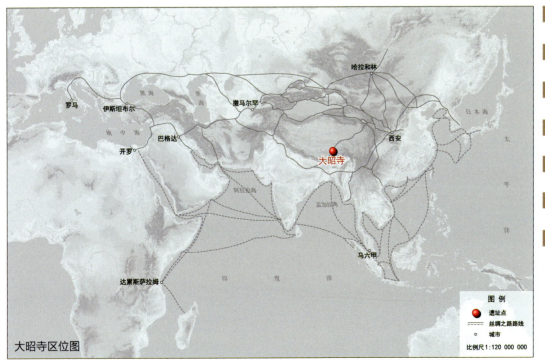

大昭寺区位图

类型
古建筑
地点
西藏拉萨市
遗存年代
7—11世纪
保护地位
全国重点文物保护单位
地理区位
雅鲁藏布江谷地
政权
吐蕃
丝路关联属性
融合了藏、唐、尼泊尔、印度的建筑、艺术风格，成为藏式宗教建筑的典范，是佛教由南方丝路、中原向青藏高原向北向南传播的见证。

青藏高原佛教遗迹 243

图56-1 大昭寺全景

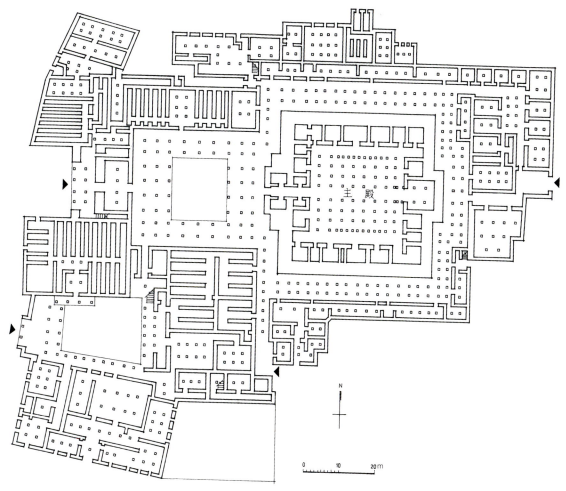

图56-2 大昭寺底层平面图

图56-3　大昭寺金顶

图56-4　大昭寺金顶斗栱细部

图56-6　大昭寺松赞干布造像

图56-5　大昭寺经堂室内梁架

图56-7　大昭寺壁画

桑耶寺
Samye Lamasery

一、【事实性信息】

桑耶寺又名存想寺、无边寺，位于西藏山南地区的扎囊县桑耶镇境内，雅鲁藏布江北岸的哈布山下。这是西藏第一座正规佛教寺院，由印度僧人寂护、莲花生于公元8世纪中至8世纪末仿照印度欧丹布日寺建造。桑耶寺是第一座建立僧伽制度的佛寺，也是最早传授宁玛派密法的寺院，曾遭受多次火灾，至公元11世纪，由萨迦派修复，成为萨迦派寺院，仅有护法神殿仍为宁玛派所属。

寺院整体布局是正圆形围墙围绕佛殿，正中为乌策大殿，周围环绕十二座殿堂，分别代表四大部洲和八小部洲，现存的寺院建筑群除中央乌策大殿和西面的兜率弥勒州（强巴林）、南面的降魔真言洲、三界铜殿保留较早的遗制外，其余殿堂和围墙均为后世改建。

二、【丝路关联和价值陈述】

桑耶寺是藏传佛教进入西藏地区以后建造的第一座寺庙，代表了经由南方丝绸之路传入青藏高原的密宗佛教之肇始，寺院平面布局、建筑组成等方面沿袭了印度佛教寺院模式。正殿乌策大殿（又称多吉德典、大首顶寺）始建于唐德宗贞元十五年（799年），其设计反映了已经湮灭的印度欧丹布日寺的布置。

参考文献：
傅熹年. 中国古代建筑史：第二卷 两晋、南北朝、隋唐、五代建筑[M]. 北京：中国建筑工业出版社, 2001.
韦然. 中国古建筑大系：佛教建筑[M]. 北京：中国建筑工业出版社, 2004.

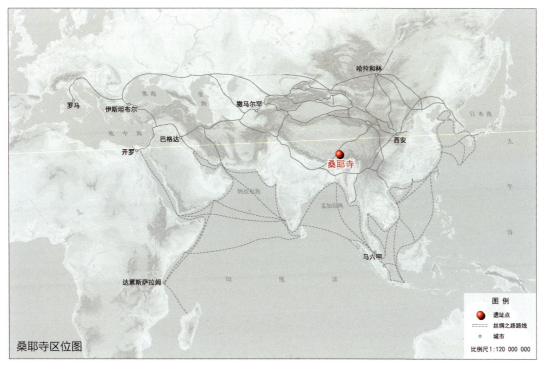

桑耶寺区位图

类型
古建筑
地点
西藏山南区
遗存年代
8—18世纪
保护地位
全国重点文物保护单位
地理区位
雅鲁藏布江干流中下游地区
政权
吐蕃
丝路关联属性
仿照印度欧丹布日寺建造的西藏第一座正规佛教寺院，是藏传佛教经由南方丝绸之路传入西藏地区的开端。

图57-1 桑耶寺全景

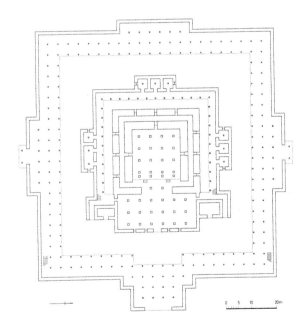

图57-2 桑耶寺平面图

图57-3 桑耶寺大门

图57-4　桑耶寺东文殊殿

图57-5　桑耶寺乌策大殿室内

图57-6　桑耶寺三界铜殿廊双柱

图57-7　桑耶寺南赡部洲壁画

夏鲁寺
Shalu Lamasery

一、【事实性信息】

夏鲁寺位于日喀则市桑珠孜区甲措雄乡，始建于北宋元祐二年（1087年）。14世纪中叶，当地阶氏家族迎请布顿·仁钦珠来此主持寺务，对寺院进行了扩建，以该寺为中心创建了藏传佛教夏鲁派（布顿派）。在元代的扩建中，夏鲁寺建筑形成了现存的规模和风格，其主体建筑夏鲁拉康坐西朝东，底层为藏式建筑，由前殿、经堂、佛殿组成；二层沿纵轴线对称分布四座佛殿，表现出突出的元代汉传建筑艺术和结构特点。

底层佛殿回廊保存的大量早期壁画，人物造型明显受到印度和尼泊尔艺术的影响，具有异国情调，而建筑造型与汉式建筑如出一辙。

二、【丝路关联和价值陈述】

以元代遗存为主的夏鲁寺，其建筑艺术受到中原汉式建筑的影响，在藏式平顶上加建汉式殿堂，是为青藏地区首例；壁画艺术融尼泊尔、印度的人物造像风格和中原建筑面貌于一体，是元明之际在南方丝绸之路上受到南北双向影响的佛教建筑遗产实例。

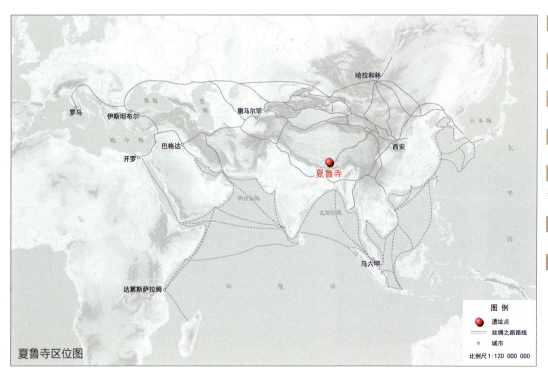

夏鲁寺区位图

类型
古建筑
地点
西藏日喀则市
遗存年代
11—14世纪
保护地位
全国重点文物保护单位
地理区位
喜马拉雅山脉中段与冈底斯－念青唐古拉山中段之间
政权
元
丝路关联属性
汉式建筑艺术经由丝绸之路传播至青藏高原的最早实例，同时，其壁画融合了印度、尼泊尔的艺术特点。

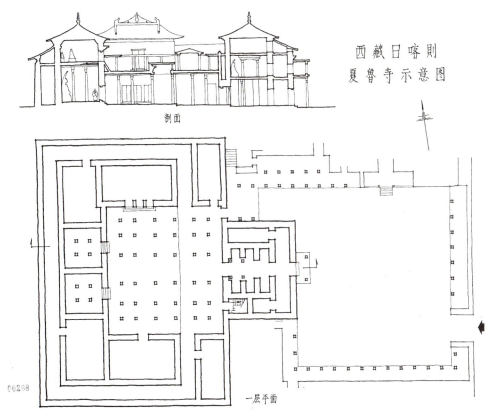

图58-1 夏鲁寺平面及剖面图

图58-2 夏鲁寺大殿

塔尔寺
Kumbum Lamasery

一、【事实性信息】

塔尔寺位于青海省西宁市湟中区。1578年（明万历六年），宗喀巴弟子索南加措与青海蒙古土默特部俺答汗相会于青海并举行法会，会后在去往土默特途中经过宗喀巴大师诞生地佛塔时，索南加措建立了一座寺庙，是为塔尔寺。

塔尔寺是密宗黄教六大宗主寺之一，规模宏大，占地六百余亩，由众多殿宇、经堂、佛塔、僧舍等组成（1000多座院落，4500多间殿宇僧舍）。因为其位于青藏高原和中原地区过渡地带，建造中同时吸收了藏式建筑和汉式建筑的技术、艺术特点，并融合了当地其他少数民族（土族、保安族、撒拉族、回族等）的艺术创作。主要建筑包括大金瓦寺、大经堂、九间殿、小金瓦寺、大厨房、花寺、大拉浪、太平塔、菩提塔、过门塔等。

二、【丝路关联和价值陈述】

明清之际，塔尔寺作为草原丝绸之路北传佛教的起点和安多地区黄教宗主寺之一，对黄教向蒙古高原传播起到了很大的推动作用，是远自欧洲的卡尔梅克、北部的贝加尔湖地区的布里亚特、蒙古高原之内外蒙古，西部准噶尔地区卫拉特，青海地区之德都蒙古等各个区域的蒙古民众前往拉萨朝圣之路的第一站。除此之外，塔尔寺的建制、学院（曼巴扎仓、丁科尔扎仓）文化对周边地区有着直接而强烈的辐射与影响。

参考文献：
潘谷西. 中国古代建筑史：第4卷 元、明建筑[M]. 北京：中国建筑工业出版社, 2009.
李志武. 塔尔寺[J]. 文物, 1981(2):88–90.
青格力. 18–19世纪几部蒙古文《西藏行纪》中有关宗喀巴诞生圣地：塔尔寺的记载[J]. 西部蒙古论坛, 2017(1).

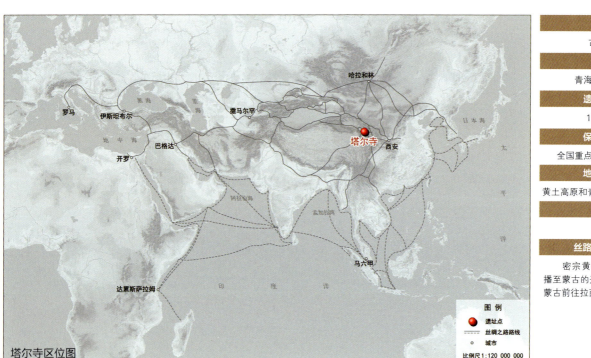

塔尔寺区位图

类型
古建筑
地点
青海省西宁市
遗存年代
16世纪
保护地位
全国重点文物保护单位
地理区位
黄土高原和青藏高原过渡地带
政权
明
丝路关联属性
密宗黄教经草原丝路传播至蒙古的开端事件发生地，蒙古前往拉萨朝圣首站。

图59-1 塔尔寺入口处俯视

图59-2 塔尔寺大经堂鸟瞰

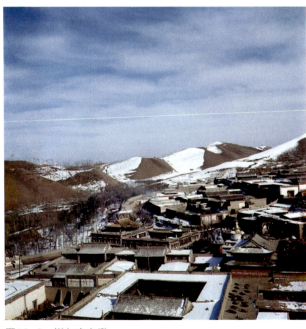

图59-3 塔尔寺鸟瞰

图59-4 塔尔寺遍知殿南立面

图59-5 塔尔寺如意八塔

图59-6 塔尔寺大金瓦殿入口

图59-7 塔尔寺九间殿正门

图59-8 塔尔寺北楼

古代印度与中亚、东亚佛教遗迹

佛祖诞生地兰毗尼
Lumbini, the Birthplace of the Lord Buddha

一、【事实性信息】

兰毗尼位于尼泊尔狭长领土中间位置的最南端，离印尼边境仅 7-8km，距尼泊尔边境城市白尔瓦约 21km。兰毗尼在古代属于北印度，位于拘利国和迦毗罗卫国之间。根据佛传，佛祖释迦牟尼于公元前 623 年诞生于此；公元前 251 年，古印度孔雀王朝阿育王来兰毗尼巡拜佛迹，并于公元前 245 年建石柱纪念。

遗存主要有无忧树（后人植种）、摩耶夫人沐浴过的水池、阿育王柱等。据考古研究，阿育王石柱最初总高约 13m，埋入地下 2m 多，柱顶近 3m，中间柱身 7m，周长 2m。柱顶由三部分组成：最下部与柱身连接处为圆柱体，四周雕有条状花瓣；中间为正方体，四周雕刻花纹；顶部雕马。

二、【丝路关联和价值陈述】

佛祖诞生地，印度次大陆早期佛教中心之一，佛教向全球传播的起点和佛教徒心中的圣地。有明确记载的是，法显于公元 403 年、玄奘于公元 636 年、西藏佛教徒于公元十二三世纪均来此朝圣，兰毗尼是南方丝绸之路所连接的印度次大陆上重要的佛教遗存。

参考文献：
定慧. 蓝毗尼简史[J]. 法音, 2000(7):13–15.

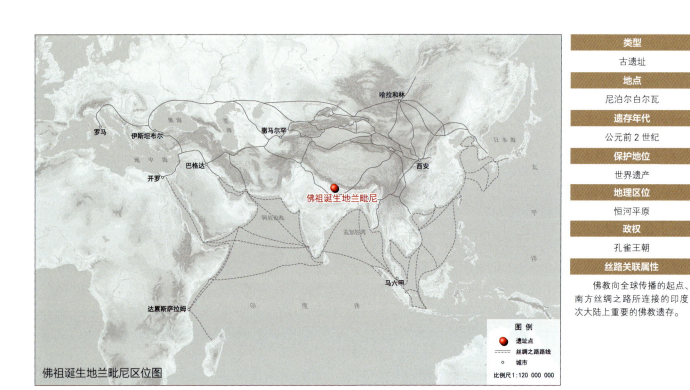

佛祖诞生地兰毗尼区位图

类型
古遗址
地点
尼泊尔白尔瓦
遗存年代
公元前 2 世纪
保护地位
世界遗产
地理区位
恒河平原
政权
孔雀王朝
丝路关联属性
佛教向全球传播的起点、南方丝绸之路所连接的印度次大陆上重要的佛教遗存。

图60-1 兰毗尼远景

图60-2 兰毗尼佛塔

图60-3 兰毗尼阿育王柱

桑奇大塔
Buddhist Monuments at Sanchi

一、【事实性信息】

桑吉佛教建筑群位于距离印度中央邦博帕尔约 40km 的桑奇村，坐落在小山上，俯瞰着平原。古迹由一组佛教建筑群构成，包括巨石石柱、宫殿、庙宇和寺院，其中就有桑奇大塔。这些建筑的历史大多可追溯到公元前 2 世纪至公元前 1 世纪。在 12 世纪前，这里一直是印度佛教的教理中心，目前它是现存最古老的佛教圣地。

现存桑奇大塔本体为半圆形砖砌覆钵塔，整体造型借鉴了古印度北方竹编抹泥的半球形房舍，高约 16.5m，直径约 36.6m，分为四个部分：塔基、塔身、平头、伞盖。其建造经过了两个阶段，第一阶段在孔雀王朝阿育王时代，现遗迹表明这一时期建造了一个砖砌的原始内核，半径几乎为现存大塔的一半；第二阶段为巽伽时期（公元前 2—公元前 1 世纪），在原始内核之外进行了扩建，达到现在的规模尺度。大塔北门年代略晚于大塔本体，为公元前 1 世纪后半叶修建，门上遍布高浮雕。

二、【丝路关联和价值陈述】

窣堵坡式的桑奇大塔相较于犍陀罗式的热瓦克佛塔较为原始，是以后众多中国佛塔式样更原始的源头。

参考文献：
李崇峰. 中印佛教石窟寺比较研究：以塔庙窟为中心[M]. 北京：北京大学出版社，2003.
杨晓歌. 佛塔早期传入新疆后形制的演变：以桑奇大塔和热瓦克佛塔的对比为例[J]. 美术教育研究，2014(22):43-43.

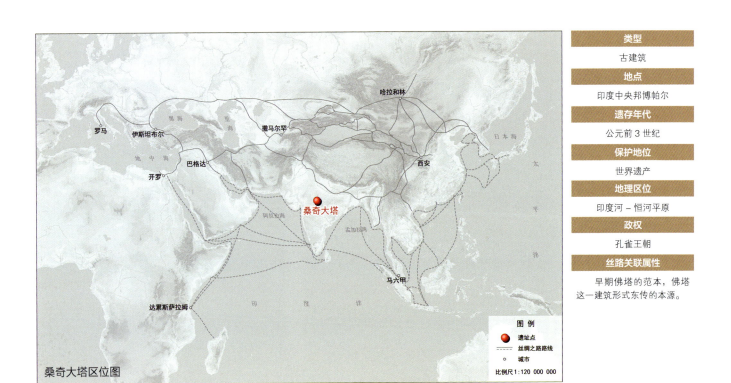

桑奇大塔区位图

类型
古建筑
地点
印度中央邦博帕尔
遗存年代
公元前 3 世纪
保护地位
世界遗产
地理区位
印度河-恒河平原
政权
孔雀王朝
丝路关联属性
早期佛塔的范本，佛塔这一建筑形式东传的本源。

图61-1 桑奇大塔

图61-2 桑奇大塔斯图帕门顶端

那烂陀寺遗址
Archaeological Site of Nalanda Mahavihara at Nalanda, Bihar

一、【事实性信息】

那烂陀寺遗址位于印度东北部的巴哈尔邦。遗址由公元前3世纪至公元13世纪存在于此的寺庙和佛学院遗留下的古迹组成,包括窣堵坡(坟冢)、舍利塔、寺庙(僧房学舍),以及重要的墙画、石刻、金属器物等艺术作品。那烂陀作为印度次大陆上最古老的大学而引人注目,其作为有序的知识传递场所存续长达800年,发展的历史见证了佛学宗教化的过程,以及寺院和教育传统的繁荣。[1]

二、【丝路关联和价值陈述】

印度次大陆上的佛教中心之一,笈多时期佛教最高学府,长期向外传播佛教思想和文化,培养了大量佛学家,中国佛教思想的形成、佛教经典的传播和发展亦受其影响。

[1] 来源:http://whc.unesco.org/en/list/1502.

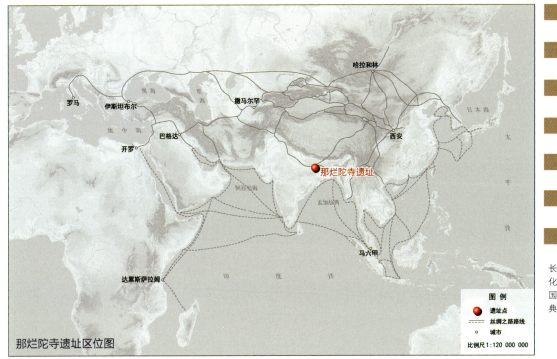

那烂陀寺遗址区位图

类型
古遗址
地点
印度巴哈尔邦
遗存年代
3—13世纪
保护地位
世界遗产
地理区位
恒河平原
政权
笈多王朝
丝路关联属性

笈多时期佛教最高学府,长期向外传播佛教思想和文化,培养了大量佛学家,中国佛教思想的形成、佛教经典的传播和发展亦受其影响。

图62-1 那烂陀寺遗址

阿旃陀石窟
Ajanta Caves

一、【事实性信息】

阿旃陀石窟位于西印度重镇奥兰伽巴德西北约106km处,临近古代商路。在瓦戈拉河侵蚀而成的马蹄形断崖上,石窟大小错综,连绵长达550m。近代考古学家按照石窟群由东向西排列的顺序,编定为第1-29窟。石窟间有曲径相连,几乎每个石窟也都有各自通向河谷的小路。从开凿年代上看,整个石窟群可以分为前后两期。年代最早的第8、第9、第10、第12、第13窟,位于石窟群的中央,约开凿于公元前2世纪至公元2世纪。两端的石窟开凿年代较晚,约在公元5世纪中期至7世纪中期。总体来讲,越往两端,石窟开凿年代越晚。遗址主要分佛殿、僧房两大类。阿旃陀最具特色的是其精彩的壁画,题材、技法、风格都有相当的影响力,这种风格一直延续到了9-10世纪东印度的贝叶细密画。

二、【丝路关联和价值陈述】

阿旃陀是当时的宗教中心,同时又是印度和邻国之间重要的联系枢纽,其壁画自成体系,而雕塑艺术是当地传统与笈多艺术相结合而产生的。南朝画家张僧繇被后世称为"张家样"的佛画较多地吸收印度笈多美术的影响,这种通过凹凸晕染表现立体感造成错觉的"天竺遗法",本源即为阿旃陀石窟壁画。

参考文献:

王云. 丝路佛教石窟系列(二):印度后期佛教石窟[J]. 中国美术, 2017(5):128–139.
顾虹. 敦煌美术与犍陀罗·印度美术:早期敦煌美术受西方影响的二三个问题[J]. 敦煌研究, 1995(3):189–199.
李晓云. 论笈多美术对南北朝后期与隋代佛教造像的影响[D]. 山东大学.

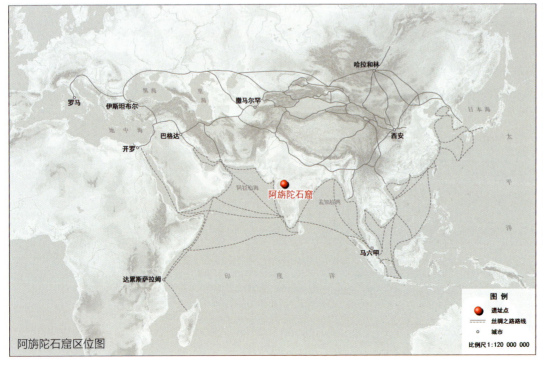

阿旃陀石窟区位图

类型
石窟寺
地点
印度马哈拉斯特拉邦
遗存年代
公元前2—公元6世纪
保护地位
世界遗产
地理区位
德干高原
政权
早期王朝—瓦卡塔卡王朝
丝路关联属性
是南朝张僧繇"张家样"所吸收的"天竺遗法"印度本源。

图63-1 阿旃陀石窟第17窟壁画

图63-2 阿旃陀石窟第26窟涅槃像

图63-3 阿旃陀石窟塔庙窟

图63-4 阿旃陀石窟全景

埃洛拉石窟
Ellora Caves

一、【事实性信息】

埃洛拉石窟群位于印度马哈拉斯特拉邦奥兰伽巴德市区西北约 30 km 处。共有 34 座石窟，开凿于恰拉难迪利小山（Charnadari Hill）的坡脚上，南北绵延约 2 km，窟门基本上朝向西方。石窟由南向北顺次编号，其中，第 1-12 窟属于佛教，第 13-29 窟属于印度教，第 30-34 窟属于耆那教，是相当罕见的三教合一的石窟群。虽然各座石窟的具体建造年代不一，但整体上表现出南早北晚的特点，三教洞窟群的兴盛年代大体上可以确定为：佛教窟群，约公元 500-750 年；印度教窟群，约公元 600-870 年；耆那教窟群，约公元 800-1000 年。埃洛拉石窟规模空前宏大、雕刻精美。佛教石窟类型有支提窟一座（第 10 窟）、大型毗诃罗窟（第 12 窟）、小型僧房窟、佛殿窟等。

二、【丝路关联和价值陈述】

印度最晚的佛教石窟遗构，具有密教特点，是藏传佛教的源头之一。

参考文献：
张同标. 印度埃洛拉石窟第12窟的八大菩萨造像[J]. 吐鲁番学研究, 2018, 22(2):37-52+166-167.

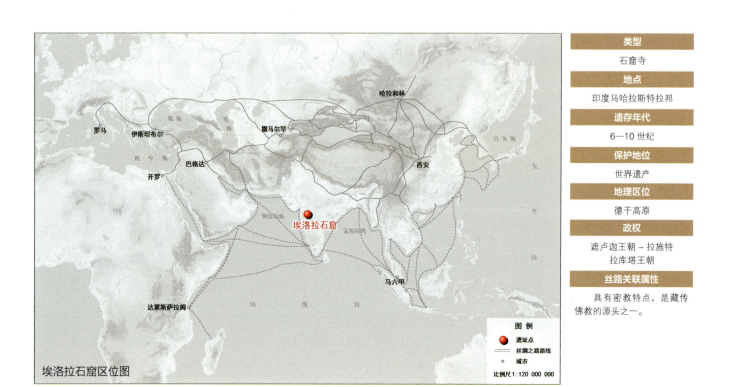

埃洛拉石窟区位图

类型
石窟寺
地点
印度马哈拉斯特拉邦
遗存年代
6—10 世纪
保护地位
世界遗产
地理区位
德干高原
政权
遮卢迦王朝 – 拉施特拉库塔王朝
丝路关联属性
具有密教特点，是藏传佛教的源头之一。

古代印度与中亚、东亚佛教遗迹 265

图64-1 埃洛拉石窟16号窟外部

图64-2 埃洛拉石窟16号窟内部

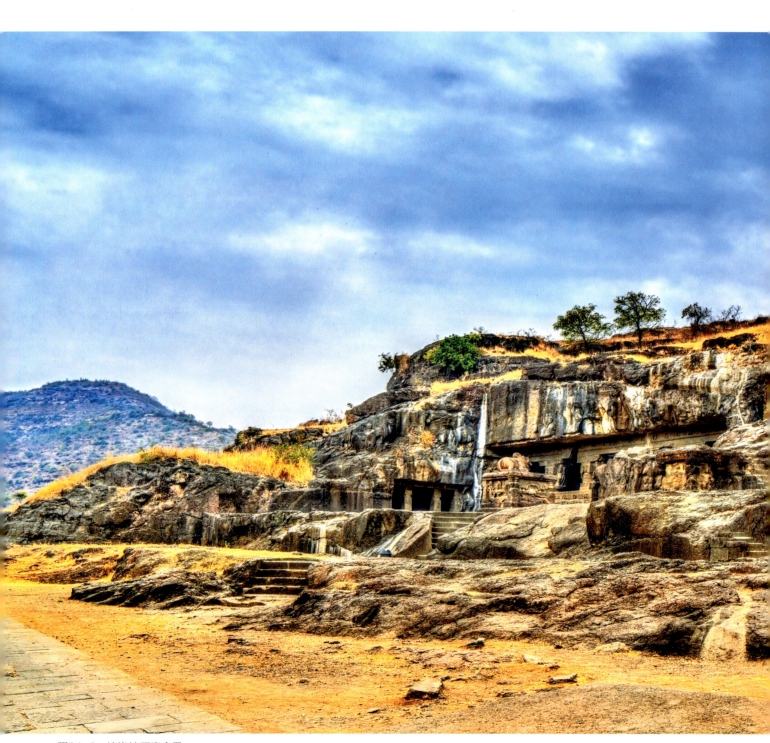

图64-3 埃洛拉石窟全景

塔克特依巴依佛教遗址
Buddhist Ruins of Takht-i-Bahi

一、【事实性信息】

塔克特依巴依佛教遗址位于巴基斯坦开伯尔－普赫图赫瓦省玛尔丹县以北约15km处的小山上，占地约33hm²，是古代印度犍陀罗王国留存至今的寺院遗址，大约始建于公元1世纪，废弃于公元7世纪左右。贵霜王国在占领喀布尔流域并接管原属于犍陀罗王国的塔克特依巴依寺院以后，对佛教进行大力宣传和推广，至公元4世纪，因为不断重建和翻修，最终完成了塔克特依巴依佛寺佛塔庭院和集会厅的宏大建设。公元6-7世纪，匈奴占领时摧毁了犍陀罗风格的建筑，塔克特依巴依佛寺因位于山顶而得以幸存。

遗址主要由佛塔庭院、僧侣庭院、寺庙建筑群、密宗修道院建筑群四部分组成：佛塔庭院矩形平面，占地面积约145m²，现仅存塔基，庭院东、西、南三面环绕若干小佛堂，仅存5座；僧侣庭院占地面积357m²，主要包括僧侣们的居室、集会厅和厨房，其居室为两层建筑；寺院建筑群是后期完成的，主要为佛教建筑，包含僧侣庭院和有3座佛塔的佛塔庭院，另外还有一些巨像墙和世俗建筑；密宗修道院仅剩的冥想室只余一个小门和门内的黑暗空间。

寺院内发掘的文物主要是各类佛陀及菩萨雕塑，现场所剩无几，大多数在白沙瓦、拉合尔等地的博物馆中展出。

二、【丝路关联和价值陈述】

佛教艺术中心之一犍陀罗地区的佛教遗址，其艺术风格沿丝绸之路东传至西域，再传入河西地区、中心（云冈、洛阳）地区。作为古代犍陀罗最后的佛寺，见证了该地区佛教从无到有、由盛转衰的历史过程。

参考文献：
田雪枫. 高山上的佛寺：塔克特依巴依寺[J]. 百科知识，2020.
丁和. 寻访玄奘取经之路[J]. 新疆人文地理(汉)，2009(3):P.26-35.
李裕群. 丝绸之路与佛教艺术（丝绸之路上的佛教艺术）.

塔克特依巴依佛教遗址区位图

类型
古遗址
地点
巴基斯坦马丹镇
遗存年代
1—7世纪
保护地位
世界遗产
地理区位
白沙瓦地区
政权
贵霜王朝
丝路关联属性
佛教艺术中心之一犍陀罗地区的佛教遗址，艺术风格沿丝绸之路东传至西域，再传入河西地区、中心(云冈、洛阳)地区。

图65-1 塔克特依巴依佛教遗址

图65-2 王座遗址

图65-3　塔克特依巴依佛教遗址和萨尔依巴赫洛古遗址全景

巴米扬石窟
Cultural Landscape and Archaeological Remains of the Bamiyan Valley

一、【事实性信息】

巴米扬石窟位于阿富汗首都喀布尔西北约 230km 的兴都库什山中，喀布尔河的西北部，其所在的希巴尔山口，从古至今都是连接兴都库什山南北的交通要冲，向东分为南北两道，北道通往塔里木盆地，南道通往印度，向西可达伊朗乃至叙利亚。巴米扬石窟规模宏大，在山壁上绵延长达 1.5km，现存编号窟龛 750 个。除主区洞窟外，在弗拉底、卡克拉克、那迦尔以及封都基斯坦各地，分别保存有 30-100 个石窟[1]。开凿时间为公元 1-13 世纪，其佛教艺术属于干达拉流派，并在发展过程中融汇了西方艺术文化（包括犍陀罗、萨珊波斯、中亚等地）。2001 年 3 月，巴米扬遗址遭遇报复性轰炸，两尊标志性立佛被摧毁，其中东大佛高 38m，西大佛高 53m（是中国敦煌莫高窟、炳灵寺石窟、龙门石窟乃至日本东大寺大佛的范本）。

二、【丝路关联和价值陈述】

巴米扬石窟受到了波斯文化的直接影响，从而又向东影响了克孜尔石窟等龟兹地区的西域佛教石窟。这种传播到了有着深厚汉文化底蕴的敦煌及其周边地区后虽然影响比较薄弱，但是从莫高窟 275 窟石窟造像当中依然可以明显看出来自波斯文化的影响。这种影响应该属于波斯文化的再度传播，是受波斯文化影响的西域佛教再度传播到敦煌的结果。中国古代石窟中建造巨型大佛的传统不见于印度，其渊源应来自于受到萨珊王朝雕刻大型雕像习俗影响的巴米扬石窟东西大佛。

1　水野清一编：ハイバクとカシエミル-スマスト：アフガニスタンとパキスタンにおける石窟寺院の調査, 1960 ,（京都大学イラン・アフガニスタン・パキスタン学術調査報告），京都: 京都大学, 1962: 21～36。

参考文献：
李崇峰. 中印佛教石窟寺比较研究：以塔庙窟为中心[M]. 北京：北京大学出版社，2003.
刘永增. 莫高窟北朝期的石窟造像与外来影响(下)：以第275窟为中心[J]. 敦煌研究，2004(4):5-10.
王云. 丝路佛教石窟系列(三)：巴米扬石窟[J]. 中国美术，2018(3):122-133.

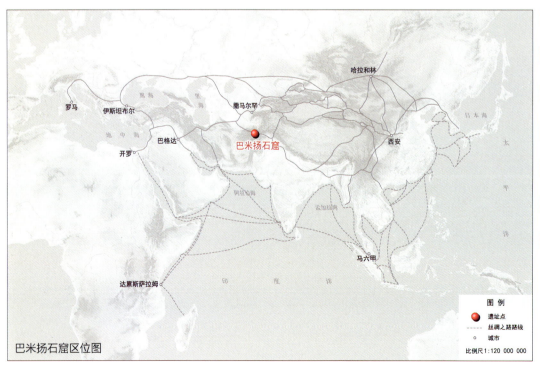

巴米扬石窟区位图

类型	石窟寺
地点	阿富汗巴米扬省
遗存年代	3—5 世纪
保护地位	世界遗产
地理区位	兴都库什山以北
政权	贵霜王朝
丝路关联属性	见证了波斯文化对中亚佛教、古代西域佛教的影响和向河西地区的再度传播。

图66-1　巴米扬石窟东大佛

图66-2　巴米扬石窟西大佛

图66-3　巴米扬石窟西大佛佛龛侧壁上部壁画

石窟庵和佛国寺
Seokguram Grotto and Bulguksa Temple

一、【事实性信息】

佛国寺始建于新罗第 23 代王——法兴王十五年（528年），时称华严佛国寺、法流寺；公元 751 年由金大城负责重建，公元 774 年完工，称之为佛国寺；高丽至李朝期间，佛国寺多次改建扩建，公元 1593 年因壬辰倭乱，佛国寺内木构建筑悉数被毁，仅存石构建筑或基座；公元 1604 年，佛国寺再次重建，后多次修缮；1973 年根据李朝建筑风格复原了无说殿、观音殿、毗卢殿等，对留存的李朝后期建筑进行了修缮。

佛国寺的院落布局保存了廊院式平面格局，现存寺院主要由东、西两院组成，各以两段石桥与廊庑连通，东院中轴线上依次排列紫霞门、大雄殿、无说殿，大雄殿前双塔布局。这种东西并联、院落众多、廊庑环绕的平面是统一新罗时期佛教寺院平面的布局特色。

石窟庵建于公元 8 世纪，是金大城为前世父母而造，原本为佛国寺的附属部分。位于吐含山的斜坡上，坐北朝南，分为东西院两个部分，分别供奉卢舍那佛和阿弥陀佛，其中东院是主院。主院西面设置旁院（供奉阿弥陀佛的净土院）的双院式布局，在新罗时期开始出现，在隋唐长安城是常见佛寺配置。石窟庵内有一尊纪念佛像，该佛像面朝着大海，周围有各种神仙、菩萨和信徒的雕像[1]。

二、【丝路关联和价值陈述】

佛国寺殿前双塔、院落多少不一、大小自如、灵活多变、适应性强的廊院式空间和石窟庵、佛国寺采用的东西二院（东为主院）双院式布局均取法于隋唐佛寺，是长安佛教艺术东传朝鲜半岛的实例。

1 来源：whc.unesco.org/en/list/736

参考文献：
张雄石. 佛国寺与石窟庵：韩国石造艺术的宝库[J]. 世界遗产, 2011(4):70-75.
李裕群. 丝绸之路与佛教艺术〔丝绸之路上的佛教艺术〕.

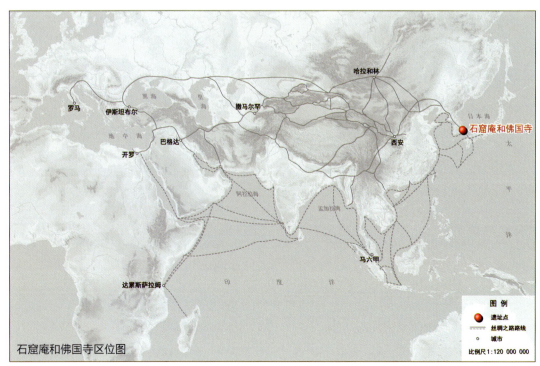

石窟庵和佛国寺区位图

类型
古建筑
地点
韩国庆尚北道
遗存年代
8 世纪
保护地位
世界遗产
地理区位
朝鲜半岛东南部
政权
新罗王国
丝路关联属性
寺院布局取法长安佛寺，是长安佛教艺术东传向朝鲜半岛的实例。

图67-1 佛国寺紫霞门

图67-2 佛国寺大雄殿

图67-3　佛国寺安养门

图67-4　佛国寺极乐殿

法隆寺
Horyu-ji Temple

一、【事实性信息】

法隆寺，原名斑鸠寺，原建于日本飞鸟时代圣德太子居住的斑鸠宫西边，建筑年代为推古十五年（607年），670年烧毁，后修复；五重塔建于天武朝末年，同期建造西院回廊及由回廊围绕的中心部分；和铜以后，寺院中的井楼、钟楼、东侧的政屋陆续建成；天平年间（729—749年）法隆寺已大体建成。

现占地面积约 187 000 m²，自东至西分为东院、西院和东西两院间的大小院落三个部分。东院以梦殿为主殿，西院是法隆寺的主体部分。西院包括南大门，东、西大门范围内的部分，以东西向横街以北的佛院为主要院落。该院落形制为周边环绕回廊，只在南面设中门，中门与回廊北面的讲堂相对，其间庭院内偏东建金堂，偏西建五重塔，这种堂、塔并列于佛院中的设计，是从前塔后殿布局向移塔于佛院外布局过渡时期的设计。

二、【丝路关联和价值陈述】

法隆寺西院现存较多早期建置和遗迹，其布局方式源于唐长安西明寺，而西明寺的建置又摹写中天竺舍卫国祇洹寺，所以法隆寺对了解隋唐时期大中型佛寺及印度佛寺布局有着现实的意义。

法隆寺佛教造像体现了中国魏晋南北朝至隋唐时期的佛教艺术特点，其造像既有密体派风格的，也有疏体派风格的：飞鸟时代的佛教造像，受到东魏、北齐及南朝佛教艺术的影响；白凤时代受到隋、初唐佛教艺术风格影响，处于从"曹衣出水"向"吴带当风"的过渡阶段，吸收了疏密两种风格；天平时期由于中日文化交流密切，受到唐风的强烈影响，造像体现了盛唐时期的艺术风格，具有鲜明的"吴带当风"的特征。除了造像以外，中国南北朝至隋唐时期的石窟寺、中心地区寺庙建筑等与法隆寺建筑、壁画的构造方式、美学艺术、创作技法等各方面体现了源流关系，证明了这一时期佛教艺术沿丝绸之路从中国经朝鲜半岛（百济）传入东亚并产生了强烈的影响。

参考文献：
宿白. 日本奈良法隆寺参观记[J]. 燕京学报辑刊，2003(15):227–239.
王仁波. 日本法隆寺佛教造像藝術源流的探索[J]. 上海博物馆集刊，2000:271–285.

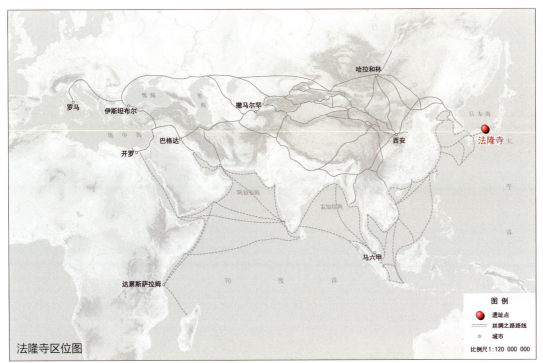

法隆寺区位图

类型
古建筑
地点
日本奈良
遗存年代
7—8 世纪
保护地位
世界遗产
地理区位
纪伊半岛中央
政权
飞鸟时代
丝路关联属性
佛教艺术沿丝绸之路从中国经朝鲜半岛传入东亚并产生强烈影响的实证。

图68-1 法隆寺中门

图68-2 法隆寺五重塔

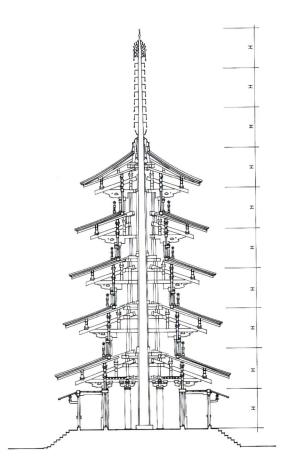

图68-3 法隆寺五重塔剖面图

图68-4 法隆寺金堂

图68-5 法隆寺讲堂

东大寺
Tōdai-ji Temple

一、【事实性信息】

东大寺是日本奈良时代仿照隋唐官寺制度建立的位于国都平城京（今奈良）的总国分寺，也是日本华严宗的中心道场，始建于公元743年（天平十五年），至公元756年（天平胜宝八年）建成大佛殿为止，整个寺院规划都是都是学习中国寺院规制的大陆式"七堂伽蓝"伽蓝中心轴线左右对称纵深布局。

公元1180年（治承四年），东大寺毁于兵燹，公元1181年日本以重源大和尚为主导并邀请中国工匠陈和卿参与和主持部分建筑，重建了东大寺，包括重铸大佛、建造佛殿、中门等一系列工程。12世纪建造的东大寺遗存至今有南大门、开山堂，大佛殿在江户时代公元1688年（贞享五年）再次重建，保留了许多12世纪时的手法。

二、【丝路关联和价值陈述】

唐代鉴真东渡至平城京，于公元754年在东大寺大佛殿前为圣武、孝谦两天皇及众多高僧授戒，从此统领日本僧侣，创建了日本的戒律制度，在日本佛教建筑、雕塑、医学等方面影响深远。

12世纪重建东大寺时，由三次入宋求法的重源和尚为统领，邀请中国工匠陈和卿主持铸造大佛像，负责建造大佛殿、回廊、中门、南大门等，将南宋江南厅堂建筑（以当时福建地区做法为主）引入日本，与本土技艺相结合，产生了日本"大佛样"建筑艺术。

参考文献：
路秉杰. 日本东大寺复建与中国匠人陈和卿[J]. 同济大学学报(人文·社会科学版), 1994(2):1–5.
傅熹年.福建的几座宋代建筑及其与日本镰仓"大佛样"建筑的关系[J]. 建筑学报, 1981（4）.

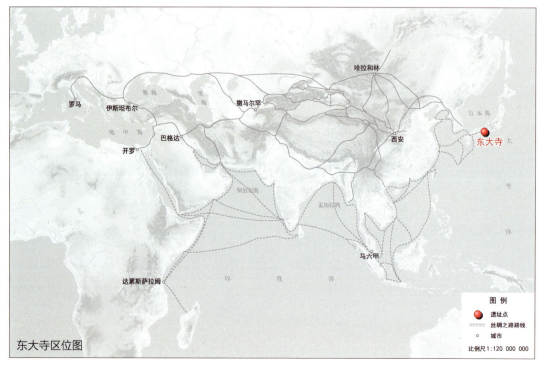

东大寺区位图

类型
古建筑
地点
日本奈良
遗存年代
12世纪
保护地位
世界遗产
地理区位
纪伊半岛中央
政权
奈良时代
丝路关联属性
见证了唐宋时期中国佛教文化沿海上丝绸之路传至日本的历史。

图69-1 东大寺南大门

图69-2 东大寺大佛殿

图69-3　东大寺中门

图69-4　东大寺三月堂

图片来源

图1-1 新疆维吾尔自治区文物局编.新疆维吾尔自治区第三次全国文物普查成果集成：和田地区卷.北京：科学出版社，2011.

图1-2、图1-5 Sand-Buried Ruins of Khotan vol.1.

图1-3 梁涛.新疆和田热瓦克佛寺保护加固研究[J].北方文物，2009(2):105-107.

图1-4 新疆维吾尔自治区文物局编.新疆维吾尔自治区第三次全国文物普查成果集成：新疆佛教遗址（上册）.北京：科学出版社，2011:40.

图1-6、图1-7 陈粟裕.新疆和田达玛沟托普鲁克墩1号佛寺图像研究[J].世界宗教文化，2015(4):85-90.

图5-3、图5-5、图5-6、图5-7 俄罗斯国立艾尔米塔什博物馆藏锡克沁艺术品.

图7-7 吐鲁番地区文物管理所.柏孜克里克千佛洞遗址清理简记[J].文物，1985(8):51-67+99-103.

图8-1、图8-2、图8-3、图8-4、图8-5、图8-6、图8-7 由地方文物部门提供.

图9-1 巫新华.新疆和田达玛沟佛寺考古新发现与研究[J].文物，2009(8):55-68.

图9-2 郭物，仝涛，巫新华，等.新疆策勒县达玛沟3号佛寺建筑遗址发掘简报[J].考古，2012(10):15-24.

图9-3 巫新华，郭物，雷然，等.新疆和田地区策勒县达玛沟佛寺遗址发掘报告[J].考古学报，2007(4).

图9-4、图9-5、图9-6 新疆石窟研究所.西域壁画全集：古代佛教寺院墓室壁画[M].乌鲁木齐：新疆美术摄影出版社，2017.

图10-4 井上靖.中国敦煌壁画展[M].每日新闻社，1982.

图10-5 郑炳林.敦煌莫高窟百年图录：上下(精)[M].兰州：甘肃人民出版社，2008.

图10-6、图10-7、图10-10 沙武田.莫高窟第322窟图像的胡风因素：兼谈洞窟功德主的粟特九姓胡人属性[J].故宫博物院院刊，2011(3):71-96.

图11-1、图11-2、图12-2、图15-4、图17-1、图17-2、图21-1、图38-1、图38-2、图38-3、图38-5、图39-1、图40-2、图53-1、图60-1、图60-2、图60-3、图61-1、图61-2、图63-1、图63-2、图63-3、图63-4、图64-1、图64-2、图64-3、图65-1、图65-2、图65-3 由"图虫创意"授权使用.

图13-3 兰州大学敦煌学研究所，张掖市文物保护研究所，姚桂兰.马蹄寺石窟[M].兰州：读者出版社，2019.

图14-1、图62-1 星球研究所李文博摄并提供.

图14-4、图14-7 麦积山石窟艺术研究所花平宁摄并提供.

图16-1、图16-2、图16-3、图16-4、图16-5、图16-6 张宝玺.甘肃石窟艺术雕塑编[M].兰州：甘肃人民美术出版社，1994.

图18-1、图18-3、图18-5、图18-6、图18-7、图18-8、图18-9 由榆林窟当地文物部门提供.

图19-2、图24-3、图24-5、图33-2、图33-3、图33-4、图33-5、图34-1、图34-2、图34-4、图34-5、图35-1、图35-2、图35-3、图35-4、图35-6、图35-7、图36-2、图36-3、图36-4、图36-5、图36-6、图37-3、图37-4、图37-5、图47-1、图47-2、图48-1、图48-5、图52-1、图52-2、图52-3、图52-4、图69-1、图69-2、图69-3 由天津大学建筑历史与理论研究所提供.

图20-1、图20-3、图20-4、图20-5、图20-6、图20-7、图20-8 陕西省考古研究院.法门寺考古发掘报告：下[M].文物出版社，2007.

图21-3、图21-4、图21-7、图21-8、图22-3 曹昌智.中国建筑艺术全集：第12卷 佛教建筑（一)(北方).中国建筑工业出版社，2000.

图26-4 中国美术全集委员会.中国美术全集：雕塑编13[M].北京：人民美术出版社等，1985.

图26-5 孙迪，杨明权.巩县石窟：流失海外石刻造像研究[M].外文出版社，2005.

图33-1 佛光寺东大殿建置沿革研究.建筑史：第41辑，2018.

图36-1 今日华严寺鸟瞰 图片来源：香港大学 徐鼟提供.

图38-4 白马寺总平面图 图片来源：白马寺汉魏故城文物保管所.白马寺.北京：文物出版社，1980.

图40-1、图40-3、图40-4 《全国重点文物保护单位》编辑委员会.全国重点文物保护单位[M].北京：文物出版社，2004.

图51-2、图51-3、图51-4、图51-5 辽宁省文物考古研究所，朝阳市北塔博物馆.朝阳北塔：考古发掘与维修工程报告[M].北京：文物出版社，2007.

图66-1、图66-2、图66-3 王云.丝路佛教石窟系列（三）：巴米扬石窟[J].中国美术，2018(3):122-133.